後
2024?

孫榮富——著

推薦序
孫文學校總校長張亞中

榮富自從民國90年進入研究所修習我的課開始，畢業後到澎湖服兵役，並歷經民間智庫的蹲馬步工作、立法院的實務歷練……迄今有22年，還是一樣對政治與政策領域的學問抱持著學習的心。

很高興有一段師生緣，與榮富一直保持聯繫，成為好朋友，彼此也經常對時事交換意見。

在與榮富互動過程中，深感他有濃厚的家國情懷，對兩岸關係、國家前途、政府治理、政黨政治、社會現象，都有其深入與獨特的看法。

很高興榮富將其近年來在報刊上發表過的文章集結出書。《後2024？》這本書，雖然不是一本學術著作，但卻是一本隨手拿來即可閱讀的政治與政策的短評集。對於想瞭解蔡政府的執政謬誤、藍白合否、下架民進黨，甚或2024大選……等議題的朋友們，這是一本很有觀點且容易閱讀的政治與政策的評論文集。

欣見榮富的新書出版。「2024大選」之後，台灣政經情勢會是進入怎麼樣一個「後2024」的時代？值得大家留意。同時，我也要祝福榮富的新書可以引起更多民眾對台灣政治與政策的關心與關注。

目 錄

第一部分

政治無能？政策無道？

「農遊券」能夠扣合經濟目的嗎？

　　最近，農民是多災多難，但也不能忽略了農委會預算編列的問題。例如：整個「嚴重特殊傳染性肺炎防治及紓困振興特別預算第4次追加預算」預算書P22裡，農委會編列了15.6億760萬元，農遊券編列了13億元，佔了83%的高比例，這是「預算押寶」嗎？

　　我們「以農立國」，農委會也不算是個小部會，初步檢視了一下預算，就農委會而言，為因應「嚴重特殊傳染性肺炎防治及紓困振興」的作為上，應該是很看重農遊券，去年編列近13億元、今年也編列13億元左右！

　　實在是令人驚訝！農委會推出農遊券，目的是振興國內農產業，農委會就「嚴重特殊傳染性肺炎防治及紓困振興特別預算第4次追加預算」，幾乎預算全用來編列農遊券，是不是很有把握靠單一的農遊券政策，就可以振興農業經濟了？

　　過去，沒有新冠肺炎攪亂，國人使用農遊券帶動45億消費產值，45億是根據農委會過往統計來估算，每人在一個農業場所花費金額平均460元，這些場所包含農漁特產展售中心、休閒農場、茶莊等十類，而且，農遊券預算執行率是88.8%。

　　但是，這次（第2次）「嚴重特殊傳染性肺炎防治及紓困振興特別預算第4次追加預算」裡的「農遊券」，其預算執行率預估會有多少？現在已經進入秋冬時期，新冠肺炎疫情隨時可能再起；執政的民進黨有沒有想過，這會影響預算執行率？

　　換句話說，這次農遊券預算執行率能不能保證不低於去年？若能夠做到，這樣第4次追加預算才有意義，否則的話，就沒有必要追加。陳吉仲主委是不是應該要承諾：做得到？

　　再談談消費方式。據瞭解，所謂農「遊」券就是要民眾「出遊」到現場合作對象消費，以帶動「經濟」。以去年而言，7成在購買農特產品，其餘3成則是用在農業旅遊，這不算是成功；既然政府已經研判疫情趨緩，要振興經濟，就是要民眾「走出去」，但以去年為例，農「遊」券顯然沒有達到這個目標，今年呢？即將進入秋冬季期，新冠肺炎疫情隨時可能再起，是不是會再一次重蹈覆轍？

　　過去，農委會祭出肥料實名制預購，每包補助20元，陳吉仲主委就曾在立法院備詢時強調，保證農民7天內可以買到肥料，否則立即請辭。

　　試問：陳吉仲主委身為農業經濟博士，是不是可以告訴民眾：保證今年的農遊券至少有5成用在農業旅遊，可以扣合經濟發展目的，要不然就「下台」！

　　身為主委就要有GUTs，不能這預算不是你口袋裡的錢，就不為政策負責，不是嗎？

（刊登於2021-09-26《風傳媒》）

蔡政府別想便宜行事處理長照悲歌

隨著台灣步入超高齡社會，近日，立法院也召開公聽會針對所謂「長照殺人罪」是否降低其相對應的刑責而有不同意見及討論。長照期間殺人與被殺已然成為當前台灣的重點議題也是個社會悲劇，這是蔡英文政府應當解決的問題及責任。蔡政府不能只是宣導「自殺，不能解決難題；求助，才是最好的路。求救請打1995」，這是無濟於事！

有媒體記者統計近10年來，每年都有約10件「照顧殺人案」，幾乎一個月就會發生一件，而且，近三分之一的加害者都在殺人後選擇自殺。持平而論，每條生命都有其生存的權利，就算被長照病痛者已經發出求生不能、求生不得的訊號，依法也不該被殺，「殺人就是殺人」，殺人豈能有理由？法務部怎會提出不同標準的「長照殺人罪」，要知道這個長照殺人罪的源頭就是政府，再說，放寬讓長照加害人殺害被害人的刑罰就是所謂的救贖嗎？休想自以為仁慈！

其次，試問法務部：長照殺人罪能完全排除涉及財產、遺產、保險等金錢的糾結與利益這類道德風險嗎？現在法務部想要修正《刑事訴訟法》降低緩起訴門檻，恐怕是為了監獄管理的方便性及便利性，別自以為這是施恩給這些長照可憐人，以騙取選票，考量長照加害人另增擬長照殺人罪，根本只是一個幌子罷了。

　　例如：台灣社會最近剛發生的80歲母親殺重殘兒事件，法務部將這位可憐的老母親關到監獄裡，會有任何社會實益嗎？《刑法》是處理社會問題的末端手段，針對長照悲歌這類問題的效果，實在有限。

　　大家要搞清楚的是，放寬緩刑及緩起訴門檻，將影響所有刑事案件，層面太廣，要緩解長照悲歌的情況，不是法務部的事，如何不讓台灣超高齡社會一再上演長照悲劇，這是衛福部應該要有的承擔及責任，蔡英文政府別想便宜行事！

（刊登於2023-05-20《風傳媒》）

執政黨須拿出魄力解決農地違章工廠

　　台灣的農地違章工廠處理是個棘手問題，自2020年3月20日《工廠管理輔導法》修法上路後，要求低汙染未登記的工廠必須在兩年內申請特定工廠納管，如今此一限制，下個月19日即到期。綠營立委林岱樺打算提出釋憲，請大法官檢視農委會規劃「農業群聚地區」是否牴觸母法而違憲？然又今年年底適逢地方大選，經濟部面對執政黨立委，到底究竟敢不敢進行斷水、斷電貫徹公權力，實在令人懷疑。

　　事實上，為何執政黨的立委們要申請釋憲，甚至高雄市長陳其邁還將這個燙手山芋踢給中央，因為這違章工廠的業主當中，不乏政治人物金主或是支持者，特別是南部縣市更為明顯，致使經濟部推出要斷水、斷電的行政處理手段，究竟能不能抵得上政治上的選票壓力，實在不容樂觀。

　　因此，最好方式就是讓這些農地違章工廠能夠「自行主動納管」，然而這也就是經濟部必須傷腦筋之處。舉例來說，這些農地違章工廠只要符合低汙染業別，並且在2025年前，改善廠區的水利、環保、消防、水土保持條件外，儘快解決一直以來違章工廠大火搶救不易的工安問題，以及工廠汙染影響民眾的飲食安全，都能出面申請納管，提高自行主動納管的意願，降低政治上的壓力。

　　目前離全面納管還有一段差距，經濟部胡蘿蔔和棍子也雙管齊下了，但全台4.5萬家違章工廠申請納管比例依舊非常低。現在根

據經濟部最新資料顯示，目前雖已有2.3萬家申請，表示還有2.2萬家違章工廠仍在觀望中。

這些違章工廠之所以觀望是否要申請納管主因在於，其一，在農地設工廠，不外乎就是自己的私人用地，不用支付工業區租金，經濟部目前也未將斷水、斷電改採徵收重稅及重罰，以致違建之人毫無卻步的跡象；其二，就是這2.2萬家違章工廠認為執政黨為了年底大選的選票，是不敢也不會徹底執法的。其實，就算如此，這些違章工廠敢賭定選後，執政黨不會大清算嗎？不會強拆農地違章工廠嗎？

現在這時候正是考驗執政黨政府智慧與決心，因為違章工廠就是政府長年妥協及縱容的結果，導致如今的問題「尾大甩不掉」，而民進黨政府請拿出改革與進步價值、展現魄力來儘快解決「農地違章工廠」。

（刊登於2022-02-23《觀策站》）

台鐵公司化，是改革還是悲劇？

　　喊了很久的台鐵要改革，終於在近日推出草案，卻是要將台鐵公司化，這有符合民眾期待嗎？公司化會是台鐵重生的良藥還是毒藥？

　　直到現在，很多民眾還是抱怨台鐵是個設備老舊服務不佳的國營事業，儘管近幾年已經增補人力和更新設備，但服務品質仍需持續改善。台鐵運輸的替代選擇在沒有捷運的縣市只剩客運，尤其是對東部偏遠地區的住民而言，台鐵常常成為回家的唯一選擇。

　　台鐵公司化定調為交通部獨資，這不是意味經營權和所有權全部集中在政府手中嗎？這與原本的公營事業單位有什麼差別？甚至更糟的是原本的台鐵可由立法院監督，若是公司化後，會變成像台電中油自來水一樣立法院監督不易。

　　為避免工會反對，交通部提出相當優惠的條件，包括號稱不裁員、號稱現有的薪資與福利不減損、號稱公司化後員工可選擇公務員或轉為從業人員，且有五年猶豫期……等。這意謂著：公司化後服務台鐵的員工待遇只會變更好，但是已經30多年沒漲過票價的台鐵，在長期虧損之下早已負債累累，公司在沒有獲利的條件下要如何不減損員工權益？

　　還有，搭車民眾最在意的票價。若台鐵公司化，票價是否會調漲？目前，官方回答「現階段沒有討論，要依照相關規定向交通部提報，最後須綜合其他所有相關因素做考量」。到底，票價是會依

從市場供需？還是政治考量？或許可以解讀，台鐵公司化後，其經營模式和目前不會有太大差異，而且公司為了營利反而可能漲票價，民眾或可對這次的改革根本不抱期待反而是更怕被傷害！

公司化不是萬靈丹，公司型態的組織結構絕對不等於就會有效率與效能，更不是品質保證。看看台電、中油、自來水、台糖等公營單位，被安插多少皇親國戚的肥貓在裡面，而且最近台電才又再次大停電搞得全台民眾苦不堪言。在台灣的國營公司，反倒是比一般機關還不如，更沒有效率與效能，服務品質更是不符合民眾期待。

台鐵進行公司化是改革嗎？還是，這些公營單位只是淪為政客酬庸的肥缺而已？改革不成反成悲劇？

（刊登於2022-03-11《觀策站》）

蔡政府調漲基本工資是「炒短線」

　　蔡英文總統6月6日出席「全國產業總工會第7屆會員代表大會」致詞表示，政府確實有計畫希望每年都能夠調高基本工資。試問：在現在的低薪台灣之下，邊際勞工沒有工作機會，學生租不了房、勞工買不起房子，多數民眾的實質購買力倒退，蔡政府還敢拿調漲基本工資來說嘴？還是根本就是為了選舉在「炒短線」？

　　這不是蔡政府第一次調高基本工資了，但其實大多數台灣民眾不是會開心的，因為並不會帶來實質薪水的調升，反而帶動了物價的膨脹。基本工資漲了，但薪水沒漲，卻要承受基本工資調漲後帶來的物價衝擊。這除了對提升大多勞工的生活品質毫無幫助外，更加深了台灣社會多數中產階級的相對剝奪感。

　　而且，調漲基本工資的幅度還是趕不上物價上升的速度。例如：一個原本領月薪3萬元的員工可以吃到一個80元的便當，而明年若還是月領3萬元，一個便當卻要100元。也就是，在基本工資以上的勞工，領一樣的薪資卻要承受物價上漲，導致實質薪水縮水的結果。如果是你，氣不氣？

　　再舉一個例子，最近新聞上一位爸爸收入學通知，一見「全套制服總價」要喊8370元直喊壓力大，卻被網有酸爆說「你好無能」！事實上，這個全套制服總價已經相當於新北市一個月的房租了。以基本工資2萬5250來看，已經佔了33%，這壓力不大嗎？試問：究竟是這位爸爸無能？還是蔡政府讓這位爸爸壓力大？

　　在台灣經濟起飛的年代，當時的薪資很可能還不到現在的3分之1，那麼為什麼少有聽到勞工抱怨「錢不夠用」，其實這是涉及到貨幣的購買力。也就是說：現在我們的「錢變小了」。

　　錢變大或變小，其實是購買力的問題，也就是物價的問題。蔡政府應該搶救的是台灣民眾的「購買力」，讓民眾的購買力提高。再者，無論基本工資調得再高，一些無法掌握新技術並月領基本工資以下的邊際勞工，恐怕還是難以找到適合的工作。沒有工作機會，調漲基本工資有用嗎？

　　說實話，調漲基本工資就是蔡政府為了選舉的一個「炒短線」做法。解決高物價、高通膨、高房價，更要推動整體經濟的發展，抑制物價漲幅及提高貨幣的購買力，才是蔡政府應該為人民做的事。

（刊登於2022-06-11《聯合報》）

誰害死了台南兩名敬職盡責的員警？

在這場選舉的激情裡，台南發生了從外役監出來的犯人奪槍殘殺兩名敬職又盡責員警的慘案，令人氣憤又難過。蔡英文總統僅說：依法嚴查嚴辦，並推動警械使用條例加速修法，持續強化警察同仁執勤所需之設備，並同時通盤檢討外役監標準。這不是馬後砲？這不是假惺惺？

面對這樣的人神共憤的奪槍殘殺員警案，蔡英文總統為什麼不說：判處死刑，馬上執行？很簡單，民進黨政府從不站在警察那一邊。外役監條例就是由民進黨多數委員的提案、連署、支持而通過。試問蔡英文總統：您面對這兩位勇敢殉職的員警家屬，沒有一點心虛嗎？

更重要的是，在國內，歷次對於死刑存廢的調查，都有超過七成民意反對廢死，台灣社會過去在「媽媽嘴謀殺案」、「鄭捷無差別殺人案」、「夜店殺警案」、「輔大孤女被姦殺宣判無期」……等幾項具高度社會爭議事件發生之後，已經有八成以上高民意反對廢除死刑。

但是，在民進黨的實質廢死之下，台南兩位員警之死，不會是最後一齣悲劇。在民進黨執政下，擔當警察若以為是在當一般公務員的心態，加上民進黨政府「平時」教育訓練做假下，這樣的警察就只會抓違停，「戰時」也就保不住性命了。

　　請記住，平時搞假訓練是對敵人仁慈，實戰時就是對自己殘忍！當第一線的警察是要隨時有犧牲的準備，要有這樣的體認，否則就別當警察，想想陳進興案，死了幾個警察。

　　如果將警察這個身分，只是當作一份安穩工作，那麼離死神也不遠了，要知道可能面對的是不要命的歹徒，而且是民進黨政府實質廢死下的歹徒。若真要問：誰害死了台南兩名敬職盡責的員警？可以這樣說：這兩名殉職的員警就是被民進黨政府害死的！至於，游錫堃說：殺警唯一死刑，也只是說說罷了。

（刊登於2022-08-25《風傳媒》）

延長兵役是鬥爭沒投民進黨的年輕人？

受俄烏戰爭及九合一敗選影響，兵役是不是延長備受外界關注。而且，總統府發言人張惇涵已表示：以強化訓練內容為核心的義務役改革方案，正進入最後盤整階段。總統蔡英文將於下周召開國安高層會議，就相關方案及配套討論定案後向各界報告。這是宣告要拿九合一選舉時沒有投給民進黨的年輕人來開刀了嗎？

在蔡英文總統未正式向外界報告前，向來支持民進黨的台灣民意基金會搶先公布民調：在「針對面對中共武力威脅，是否認為目前役男只須服四個月軍事訓練役是否合理？」的問題上，其中3.5%民眾認為非常合理，17.1%民眾認為還算合理，另外有41%民眾認為不太合理，28%民眾認為一點也不合理，10.4%民眾回答沒意見或不知道。換言之，在蔡英文總統正式對兵役是不是要延長，台灣民意基金會已「超前部署」進行政治操作，試圖為蔡政府的延長兵役政策「擦脂抹粉」了，實在噁心！

兵役延長，其實是蔡英文政府分化民眾的險惡作為。如同：當初蔡英文政府喊年金要破產是軍公教造成的財務赤字缺口，讓多數的勞工敵視少數的軍公教。但是，事實上推了8400億元的前瞻基礎建設，那來的財政問題？實是分化群眾鬥爭軍公教的技倆。

同樣，這次要研議兵役是不是要延長，就是要已經退伍的群眾報復服役不滿一年以上的群眾，讓少數尚未服役的民眾成為多數已退伍群眾的鬥爭對象，實在是險惡。

　　蔡英文政府將兵役是否延長納入了國安議題。老實說，就算是將現在的義務役役期延長為1年，甚至恢復成蔣介石反攻大陸時代的3年役期，這樣就能夠達到確保國家安全的目標？事實上，將兵役延長納入國安議題是假，鬥爭、報復沒有投票給民進黨的年輕人才是真，實在是險惡到極點了！

（刊登於2022-12-24《風傳媒》）

當全國農會淪爲「一黨」的農會

　　《農會法》開宗明義指出：「農會以保障農民權益，提高農民知識技能，促進農業現代化，增加生產收益，改善農民生活，發展農村經濟為宗旨。」但現在，農委會提出修法，稱為強化中華民國農會專業效能，將增列「中央主管機關指派專業理事」，這符合保障農民權益的宗旨嗎？所謂的專業理事究竟是「專業任命」？還是「政治任命」？

　　農會並不是公法人，蔡政府憑什麼指派理事？蔡政府為了權力，什麼都敢做，那何不修法去指派專業理事到鴻海算了。這不是民主威權？什麼才是民主威權？

　　首先，依法，中華民國農會雖負擔政府的政策，但卻是財務自主，屬於人民的財產，而且近年該農會的淨值均為正值，資產也逾100億元，農民保險保障健全，有改革的必要嗎？還是政府想「以改革之名，行掠奪之實」？

　　再者，何謂「專業理事」？農委會現在是在質疑「中華民國農會」這個全國性農會的理事們都不專業嗎？試問：專業的衡量標準為何？現在該農會的理事長、理事們多是由基層的總幹事做起，他們是最了解農民的代表。而蔡政府的官員連台灣加入CPTPP對國內農民有多大的衝擊都說不清楚，甚至也不願與農民溝通，能指望未來指派的專業理事能夠照顧農民的權益嗎？

　　說白了，農委會的《農會法》修法版本就是「政治任命」。也就是說，將來全國農會就是民進黨的政治工具，所謂的專業理事就是民進黨未來在農會的政治特工，是可以落實執政民進黨、蔡政府政治目標的人頭。

　　中華民國農會在落實政治任命之後，將不再是農民的全國農會，而是「一黨」的農會，在全國農會「被改革」之後，接著會不會輪到就是各級農會了？農委會對農會伸出黑手後的結果？不只全台農民，全國民眾也都在看！

（刊登於2022/03/18《中國時報》）

賴清德是在挑戰民眾的智商？

拚2024大選，民進黨總統參選人賴清德近日將在台北舉行全國各地競選總部授證儀式，指標首都北市總部，將由去年敗選台北市長選舉，身兼小英之友會全國榮譽總會長，前衛福部長陳時中擔任總部主委。試問：這是在挑戰選民的智商？還是考驗民眾的記憶？

先回憶一下陳時中的所作所為。去年，新冠病毒疫情爆發後，全球先後出現搶購口罩的浪潮，台灣也不例外並暫停口罩出口，宣佈徵用所有口罩工廠，統一管理口罩的分配及產量，每人限購3片，卻引發搶購潮，口罩是重要的防疫物資，民眾卻連排隊都買不到口罩。

還有，在新冠肺炎最危急的時候，在去年5月下旬時，死亡數再創新高，但蔡政府不僅沒有足夠的疫苗，還因為政治意識型態的考量，拒絕外界的疫苗捐助。例如：南投縣政府願意自行出資向上海復星購買復必泰疫苗、中國大陸國台辦也表示提供協助的意願，但是，陳時中大指揮官卻秉承上意，裁示台灣新冠肺炎疫苗的購買都必須由「中央統籌，讓疫苗施打都可以順利進行，符合公平性」。蔡政府寧願國人冒著染疫風險沒有疫苗可打，也不要接受各界的善意。

陳時中指揮官還做出了要民眾「與病毒共存」的政策。但是，當時人人卻買不到快篩試劑，甚至爆出原本要投標快篩試劑，卻棄標的高登環球生醫有限公司，前身竟是一家資本額200萬的「小吃

店」，實在誇張！

　　甚至，「福又達」申請僅2周就獲核准進口韓國家用唾液快篩，被發現其創辦人正是高端疫苗總經理陳燦堅，且從監察院政治獻金系統中可發現，福又達政治獻金都提供給綠營政治人物，關係匪淺。陳時中大指揮官根本是藉著疫情圖利綠友友。

　　誇張的是，疫苗採購保密封存30年。當時已經有在野黨的立法委員清楚披露，高端、AZ、莫德納等疫苗採購價格，但是，當立法院正式要求審計部查核疫苗購買、效益與預算使用時，衛福部又稱有保密條款，到底是有什麼不可告人的秘密？

　　還有令人更無法接受的事。當時，台灣首起兒童的新冠肺炎重症病患死亡，民進黨的側翼卻混淆說：台灣每年都有將近兩千名兒童因為各種原因離開這個世界，如果我們真的不捨，但不要散布謠言，因為真的會有人信，而且很信。民進黨竟然將不同意見的言論，全部視作謠言來處理。新冠肺炎疫情還沒有被控制的跡象，言論自由倒是被箝制了。在陳時中大指揮官的「與病毒共存」政策下，老百姓的言論自由被蔡政府沒收了，甚而感到恐懼。簡直是，「箝制言論比新冠病毒還可怕」！

　　現在，民進黨總統候選人賴清德竟然任命陳時中這樣冷血殘酷的人，來擔任民進黨總統候選人台北市競選總部主委，是瞧不起在野陣營的總統候選人？還是，挑戰選民的智商及記憶？請大家一定記得要用手中珍貴的選票給民進黨賴清德一個教訓！

　　　　　　　　　　　　　　　（刊登於2023-09-04《風傳媒》）

信Lie台獨就是詐騙

　　《彭博》8月15日刊登副總統賴清德專訪。賴清德在專訪中表示，沒有所謂的台獨路徑，台灣是主權國家，名字就是叫中華民國，會繼續推動總統蔡英文以中華民國台灣來稱呼的方式。一離境出訪、一受訪開口就詐騙，真是厲害了！大家能信「賴」嗎？

　　在說法上，「台獨金孫」賴清德說：未來，會繼續推動總統蔡英文以中華民國台灣來稱呼。但我國憲法根本大法名稱就是：中華民國憲法，那來的中華民國台灣？在國內就謊言不斷，在國外混淆視聽也不令人意外！試問賴清德：「以中華民國之名，掩護台獨之實」，不就是信Lie台獨路徑嗎？

　　台灣民眾真是可憐。有詐騙的政府就有詐騙集團，民進黨蔡英文執政八年來，最顯而易見的就是「民眾隨便走、騙子到處有」。依據刑事局統計近年詐騙金額：2017年計40億元、2018年計39億元、2019年計42億元、2020年計42億元、2021年有56億元、2022年高達69億元，台灣民眾總共被詐騙了將近300億元，這就是在民進黨蔡英文政府執政後的詐騙政績「上行下效」！

　　有多少的騙子是取決於有多少的傻子。台灣有近7成的民眾已經覺醒不再當傻子不再選擇詐騙政府，相信，看清楚信Lie台獨路徑、不再信Lie台獨，就是拒絕詐騙執政的開始，也是考驗誰才有資格、有能力成為是「反Lie詐騙的領導人」的開始。

（刊登於2023/08/15《中國時報》）

請民進黨將路權還給人民

820「還路於民」大遊行轟動朝野，提出了「行人零死亡」的大訴求，也是用路人對路權的卑微要求。在野黨的政治人物們幾乎是大出動，如：國民黨、時代力量、民眾黨，還有侯友宜、柯文哲也會到場，執政的民進黨總統參選人賴清德是否到場，竟然成了關注焦點？

這場「還路於民」大遊行尚未來到，民進黨立法院黨團就在事前，先召開記者會，砸了4年400億元的預算。然而，台灣每年交通事故死傷約計2萬人，換言之，每年每人約可分配50萬元，這個數字合理嗎？民進黨又想要撒幣解決，但這些因為交通事故而傷亡的民眾，在執政民進黨的眼裡，值錢嗎？

民進黨政府除了立法院黨團的撒幣之外，行政院則提出以「零死亡」為政策願景，並在2030年前降低死亡人數30%為目標的「道路交通安全基本法」草案。試問：這是回應民意？還是敷衍民意？

甚而，府、院、立法院民進黨團又同步說：「下了車，我們都是走路的人」這種文青體語言，試圖軟化、洗白這個十分嚴肅的人命問題。究竟，是還權於民？或是，還權於民進黨？

所謂路權，簡言之，就是使用道路的優先權。各政黨政治人物在提出因應做法前，必須有兩個思考：

第一，為達到「行人零死亡」，是改革道路優先還是改革用路人優先？而不是，急著提出在2030年前降低死亡人數30%的說法，

難道，行政院將這麼人命關天的議題，看作是在菜市場裡喊價嗎？

　　第二，在道路稀少性之下，這是多數的無車者（路人）與少數的有車者的鬥爭。是要循體制外遊行解決？還是採取體制內修法解決？這是主政者行政機關的霸權？或是，立法院的立法怠惰？執政的民進黨立法院黨團，不將這個問題與責任說清楚講明白，反而就想要跳躍式提出砸錢解決。試問：是想要卸責當好人嗎？

　　綜言之，面對「行人地獄」難題，促成「還路於民」，並達到「行人零死亡」，這是個極具專業的公共政策，但是在民進黨政府的無能執政下，因為行人充滿在道路上行走的恐懼，而讓人民走上了街頭，真的很不應該！難道，執政的民進黨政府只要權力，不要解決問題？

（刊登於2023/08/18《中國時報》）

民進黨喊「外役監修法」是狼來了？

2022年發生台南市警員遭外役監脫逃受刑人刺死，如今又爆出星二代殺警案受刑人獲准到外役監執行，使外役監備受爭議。然而，民進黨立法院黨團今日卻強調：盼下會期也是在九月份可以重啟修法。為何殺警重罪的殺人犯能夠入外役監服刑？民進黨真的會重啟修法嗎？還是狼來了？

不是「外國的月亮就比較圓」。之所以會設立外役監的原因，係因1955年聯合國防止犯罪及罪犯處遇會議中，提出「在監人最低處遇標準原則」，盼加強受刑人與外部社會的聯繫，避免與社會脫節，台灣因而制定外役監條例。然而，各個社會政經形態不同，不是所有的法案都可以從國外「照搬照用」，不是嗎？

在國內，台灣社會過去在「媽媽嘴謀殺案」、「鄭捷無差別殺人案」、「夜店殺警案」、「輔大孤女被姦殺宣判無期」……等幾項具高度社會爭議事件發生之後，都有超過七成民意反對廢死。何況，殺人罪確定的死刑犯還能夠適合入外役監服刑嗎？

事實上，在2020年6月，時代力量和國民黨都曾試著將「外役監條例」修得更嚴格，但最終仍被民進黨立院黨團以人數優勢通過放寬遴選資格。還有，因台南殺警案，民進黨立法院黨團總召柯建銘在2022年8月24日就說，要將《外役監條例》列入優先法案。

怎麼《外役監條例》過了一年後，現在又遭到各界輿論撻伐，民進黨立委劉世芳又說，並非民進黨拖延；預計今年九月新會期再

與各黨團討論。這根本就是執政的民進黨又在「重施故技」，現在的民進黨在立法院是絕對多數，沒有過不了的法案，若真的想讓《外役監條例》限縮遴選資格，早就三讀修法草案了，那來的這麼多的藉口？

也有民進黨委員回應：現行排除適用外役監的6種類型分別為，脫逃罪、毒品罪、非輕罪的累犯、假釋被撤銷、另有保安處分待執行及性侵罪和家庭暴力罪，但到底要讓哪些人進入外役監，還須學者專家、各黨各派研商。立法院多數的民進黨立委，曾幾何時要修要通過一部法案，還需要專業學者的意見？還會與立法院少數的黨團共同協商？這根本就是拖延戰術？還是又一次狼來了！

（刊登於2023/07/10《中國時報》）

民進黨墜落為「詐騙黨」！

　　民進黨蔡政府執政快八年了，金錢外交卻斷交連連，延長兵役卻讓兩岸兵凶戰危，處處缺電跳電卻要用愛發電，為課囤房稅卻是房租上漲居住不正義，為了加入CPTPP而不敢反對日本核廢水排海。是什麼讓民進黨創黨理念喪失而淪落為一個只會詐騙的政黨呢？

　　究其原因，從「恐中」變成了「去中反中」，就是民進黨淪為政治詐騙黨的根源。在歷史科的教材中，將「中國史」併入「東亞史」，中國歷史人物幾乎只提到秦始皇，而漢武帝等人則匆匆帶過，三國、武則天等時期，以及《史記》和《漢書》更是隻字未提。

　　在反智的「去中國化」教育下，讓許多年輕人思想弱智化，甚至出現了「天然獨」的政治謊言。也因此，會有這麼多的台灣民眾以及年輕人，願意被騙甚至加入詐騙黨的行列。因為，「台獨課綱」讓許多的年輕人活在「錯誤框架」中，自以為錯誤的觀念是正確的，以至於被政治人物利用，發起反服貿的太陽花運動，也讓年輕人成為政客從中謀取政治利益的幫凶。

　　在「錯誤框架」的基礎上，詐騙黨食髓知味。又例如：台灣社會明明就是缺電，非核家園是一條不可行的路，但一堆民進黨側翼提出「用愛發電」的政治話術，卻竟然有一大批台灣民眾選擇相信，寧願不要最具發電效率的核電，也要「傷肺」的落後燃煤發

電。

　尤其，民進黨蔡政府使盡各種詐騙手段，依《中華民國憲法》當選總統，卻故意違憲。例如：將我國國名改稱呼為「中華民國台灣」、台灣與大陸互不隸屬……等，拒不承認「九二共識」並睜眼說瞎話「台灣人不是中國人」，但已經是國會最大黨的民進黨，卻又不敢直接修憲或是廢掉大陸事務委員會，穿著國王新衣到處騙，也不感到可恥，實在是可恨可惡！

　在這種「詐騙治國」的錯誤框架中，看不到政策施政成果，反而是政治話術詐術層出不窮，甚至副總統、總統參選人賴清德，都可以從一個務實的台獨工作者，假裝為和平保台者。民主進步黨淪為「詐騙黨」，也就不令人意外了。

（刊登於2023/07/13《中國時報》）

台灣應該來一場五四運動

中國在102年前之所以發生五四運動有兩個概念。其一，西方殖民主義的侵略、其二，民族主義的覺醒，以致當時從北京到上海，全國各地群眾上街遊行及示威抗議以表達不滿，提出了「外爭主權？內除國賊」的口號。其實，放在今日台灣社會也一樣適用。現有國賊在內搗亂，外有主權矮化，不是嗎？

近來，美國一方面來台遊說軍購，一方面又與我們開啟台美21世紀貿易，內部則有貪汙犯卻保外就醫上凱道的陳水扁，中華民國的知識份子及有志之士應當覺醒，來搞一場新時代的五四運動。

孫中山先生曾對五四運動提出了看法，指明了中國是人口最多？歷史悠久的民族，但卻是有民族而無民族主義，被異族奴役而不覺羞恥，提振民族主義乃是當務之急。

在台美貿易方面，行政院經貿談判辦公室總談判代表、政務委員鄧振中於美國時間2日赴美國後說「雙方對此議題都很正面」，這真的是完全符合孫中山說的：被異族奴役而不覺羞恥！現代化的經貿關係就是一項交易，「有給有拿、有得有失」，對於我們的產業而言，當然不是全盤有利。所謂「台美21世紀貿易倡議」，就是西方殖民主義以具體方式，來深化台美的殖民關係。

例如：勞工權益保障、公營事業管制、反貪腐、環境和氣候行動等規範，還會增加我國企業的龐大負擔。在往後的談判裡，如何減少我方的負面衝擊，增加我方的正面效益，是我方談判代表團的

重要課題。現在，鄧振中說該倡議會是對我有正面效益，也未免說得太早了。究竟，是為誰的利益在講話？要不要問問看台積電變成美積電做何感想？

還有，根據《受刑人保外醫治審核基準及管理辦法》第七條規定，「除維持日常居住及生活所必需外，未經監獄核准，不得從事與治療目的不符或顯然無關之活動。」

難道，犯了「海角七億」這麼罪刑重大的貪汙犯陳水扁還能上凱道請願，是經由監獄核准的嗎？現在，貪汙犯卻保外就醫的陳水扁竟然還上了凱道說：司法判刑的目的，是為了讓犯人能夠可以有個重新更生回到社會、適應社會生活的機會。難道司法判刑的目的不是為了讓犯人得到應有的懲罰，避免類似犯行再犯？如此顛倒是非，中華民國將會永無寧日！

現在112年的中華民國，雖然針對25家美國國防承包商組成訪團，已經發起了聚集抗議，但這遠遠不夠，有志2024總統大位的政治人物對於「軍火遊說團」、「國賊陳水扁」、「台美21世紀貿易倡儀」不能不說話、不表態！勇敢地在台灣社會搞一場「新五四運動」吧。

（刊登於2023/05/05《中國時報》）

被圈養的民進黨

　　宜蘭縣民進黨立委陳歐珀身陷「不動產借貸媒合平台im.B」詐騙案，日前宣布退選引起各界嘩然。然而，退選就能為民進黨設下停損點了嗎？人們不禁要問：是不是有更大尾的政治人物與詐騙集團共生共存？還能夠「信lie」民進黨總統參選人賴清德嗎？或是，整個執政的民進黨都被「圈養」了？

　　若將「圈養」運用在政治環境裡，就不同於野生動物了。它雖然是一種對政治人物生態的干預行為，但是，詐騙集團圈養的政治對象不是需要被保護的對象，反而選定一些「較具競爭力」的「政治人物」，甚而是圈養「整個執政黨」。

　　這類政治圈養的最終目標，不是讓該被圈養的政治人物為民主、為人民發聲，而是專為某人或某特定集團的利益而發言，可以說：這是將民主圈養在符合某特定集團利益的一種手段。試問：這樣還能夠說民主就是民進黨的DNA嗎？

　　更可怕的是，若2024年再讓被「詐騙集團」圈養的民進黨贏得大選繼續執政，那麼整個台灣就很可能都會淪陷在「詐騙集團」的手掌心。那麼被圈養的後果，在於被政治圈養的貪腐政黨的政治人物被放置在台灣各政治體制裡，除了可能造成台灣整個政治競爭力被掏空之外，甚至會讓「民主消失」，2024大選下架貪腐的民進黨，只是剛好而已。不是嗎？

面對這種在政治意義上的「圈養」，台灣人民能夠不正視現實的問題嚴重？能不看真相的可能傷害？台灣人民還能「信賴」？還能相信「被詐騙集團圈養肥滋滋、綠油油的民進黨」嗎？

（刊登於2023/05/26《中國時報》）

誰的全民健保？

　　近日，國民黨總統參選人侯友宜提出：推動65歲以上長者排富全額補助健保費，在已經是高齡社會的台灣，這是個值得讚許的社會福利政見，但卻立刻受到衛福部提出財源不足與世代不公的回應。衛福部本就是全民健保政策的執行機關，現在令人不得不質疑：衛福部反倒成為全民健保的監督部門，到底是誰的全民健保？

　　在財源方面，衛福部認為明年度社福預算已經創新高，如果還要增加，須有足夠的財源才能支應。事實上，民進黨政府在112年度編列了7129億元的社會福利預算、113年度編列了7917億元的社會福利預算；奇怪了！民進黨政府可以編列這麼高的社會福利預算，輪到侯友宜端出社福牛肉，衛福部就馬上說：社會福利預算太高了！衛福部難道是民進黨開的嗎？

　　再者，衛福部認為侯友宜提出的65歲以上長者排富全額補助健保費，會擠壓更為弱勢族群的社會福利措施，這根本就是在消費弱勢族群！民進黨政府將兩岸關係搞得兵凶戰危，因而編列了6068億元占比GDP 2.5%的國防預算，怎麼不說弱勢族群需要的不是高昂的軍火？

　　可惡的是，衛福部竟然製造世代對立。薛瑞元說：老年人口愈來愈多，人口數已超過400萬人，未來還會更多，但繳健保費、繳稅的年輕族群、受薪階級人數會愈來愈少，會增加負擔。事實上，依照所得稅法規定：納稅義務人及其配偶之直系尊親屬，年滿60

歲，或無謀生能力，受納稅義務人扶養者，其年滿70歲受納稅義務人扶養者，免稅額增加50%。這就是考量年輕族群、受薪階級減輕對健保負擔的配套做法。老年人、長者都是中華民國的人民，怎麼就成為了台獨政權、黨官口中的負擔及包袱呢？

顧名思義，全民健康保險就是中華民國全體國民的健康保險，不是民進黨政府不找財源、用來鬥爭在野黨、搞世代對立的藉口與工具；衛福部是要照顧國人健康福利的主管部門，不是民進黨政府選舉的打手！

（刊登於2023/09/07《中國時報》）

第二部分

皇民遺毒？務實台獨？

桃園神社是日本殖民遺毒？

　　桃園有個日本神社，最近張善政市長因會展到期請廠商將天照大神請回日本去，本是個再正常不過的行為，卻被幾個政治人物以宗教自由、觀光為由，攻擊張善政是意識型態作祟。這豈不是扭曲事實、亂貼標籤嗎？台灣已經民主化許久，到現在還有皇民日本殖民遺毒，不是黑白不分嗎？

　　老實說，台灣光復以後就不該讓殖民侵略者的神社還留著，甚至還被政府定為古蹟，本身就是件非常荒謬的事。現在，張善政市長只不過依商業契約，讓廠商將天照大神請回日本，又還沒要拆掉這座不該留下卻成為古蹟的神社，特定政治人物就急著抨擊張市府，這是在向日本政府表忠嗎？這不是被殖民者的心態嗎？

　　桃園這座神社之所以留到現在，很大原因是：中華民國政府低估了，台灣光復後並沒有做到「去日本殖民化」政治心理建設而殘留後遺症，以致讓某些特定政治人物以「宗教自由為名、行殖民復辟為實」，對桃園新任市長張善政進行抨擊，甚至沒有放棄要這座神社繼續供奉日本神。

　　這座神社本應該是座完完全全的忠烈祠才是，但在民進黨政府八年執政之下，卻讓民眾只知參訪日本神社，卻鮮少知道有忠烈祠。到底，民進黨政治人物領的是中華民國政府的薪水？還是日本政府的薪水？到底，民進黨這些官員是中華民國官員？還是日本政府官員？現在已經是二〇二三年了，這些特定政治人物竟然還活在

日本殖民時代，豈不是可惡？

　　這些特定政治人物骨子裡仍殘留日本殖民血液，針對這座桃園神社是以宗教觀光手法做為緬懷日本的包裝。慶倖的是：「理工市長」張善政「就事論事」將日本神祇請回日本，也期待張善政市長可以「撥亂反正」還原桃園這座忠烈祠應該有的面貌，清理日本殖民遺毒罷。

　　　　　　　　　　　　　　（刊登於2023-03-18《風傳媒》）

只會拆中正紀念堂就是轉型正義？

　　行政院中正紀念堂轉型推動專案小組成員呂昱、黃舒楣、葉虹靈近日投書媒體，直指總統參選人皆未提出轉型正義政策，批評領導者缺乏政治意志與能力，才使轉型停滯。真是這樣嗎？難道，只會拆中正紀念堂就是轉型正義？

　　《中時新聞網》也就此事進行網路投票，結果有高達有85%的網友表示「不贊成」，僅有9%的網友表示「贊成」，引發討論。難道，民選出來的蔡政府施政不必參考民眾意願、意向及意見？說要拆中正紀念堂就要拆，這是那門子「去威權化」？這根本就是蔡英文政府「以轉型正義之名，行新威權之實」！

　　每座建築物都有它的歷史定位與存在的紀念價值，要不要拆中正紀念堂，這是個嚴肅的公共議題，不是個操作的選舉議題，請民進黨政府行政團隊要搞清楚。既然是紀念館，就一定有其不可被動搖的意義，換句話說，即便是轉型正義，假若這個中正紀念館有其紀念價值，又何需拆除呢？

　　再者，在蔡英文政府的轉型正義「迫害」下，中正紀念堂的內涵已經被「質變」了。中正紀念堂竟然也有「人權文史導覽志工」的招募，進行收費展覽，「鳩佔雀巢」縮變成一個文化展出館。甚至，連台灣的學生都不知道中正紀念堂是為了紀念誰？

　　事實上，台灣社會已經有228紀念館了，為什麼一定要拆除中正紀念堂，再次挑起這個藍綠仇恨的政治議題，造成大家沒必要的

不安呢？難道，就是為了2024大選嗎？中正紀念堂就這麼廉價嗎？

　　說穿了，蔡英文政府要拆除中正紀念堂，是要去除一群人的記憶，去除一群人的中國記憶；事實上，一群人的記憶就是歷史，一群人的中國記憶就是中國歷史，中華史觀是不可以抹掉的！

　　中正紀念堂若被拆除，那麼這其實等於是沒收了許多的中國記憶與中國歷史，甚至是消滅了一部分的中華史觀。只會拆中正紀念堂就是轉型正義？這不是一個中華民國政府應該發生的事。

（刊登於2023/09/13《中國時報》）

維護主權　別忘了釣魚台

　　九合一地方選戰愈來愈激烈，但別忘了今年也是台灣抗議日本「國有化」釣魚台十周年，多年來我漁民到釣魚台附近捕魚，總是要擔心日本船艦的驅趕。試問蔡政府：妳的國家主權在那裡？怎麼還好意思說：「擱置爭議，共同開發」這種鬼話？

　　新黨吳成典主席說得對：蔡英文口口聲聲說釣魚台隸屬於台灣，但實際作為卻是：「遇日就軟」！對於今年7月30日本前防衛大臣石破茂率跨黨議員團來台，一方面說及台灣海峽問題是國際海域問題，台灣安全議題是日本的事，一方面又在中華民國土地上聲稱釣魚台是日本固有領土。試問蔡政府：面對日本侵犯我釣魚台主權，怎麼會是「說是一套、做又是另一套」？

　　難不成，蔡英文總統不僅成了美國抗中的馬前卒，也成了日本的兒皇帝？真是「古有石敬瑭，今有蔡政府」。這是台灣人民的悲哀、中華民國的不幸！中華民國竟會有這樣對日本卑躬屈膝的蔡英文政府！

　　民進黨的「台獨黨綱」、之前的「台灣前途決議文」、現在的「社會同行世代共贏決議文」，不論是台獨或是維持兩岸關係的敵對現況，不都是一種日本舊殖民政府復辟思想嗎？這樣的民進黨還配擔當是中華民國政府的執政黨？

　　還有，身為最大在野的國民黨，也要負起一部分的責任。例如：課綱已然轉變為「台獨基本教材」，以致現在學生都不知道釣

魚台是中華民國的領土。自馬英九政府到現在,也仍然沒有任何的有效反制,甚至只能作民進黨的跟屁蟲,這樣的國民黨還適合做為最大反對黨嗎?

敬告民進黨還有國民黨,請向新黨看齊,沒有主權就沒有漁權,維護中華民國主權別忘了還有釣魚台!

(刊登於2022/09/27《中國時報》)

請柯文哲拿出醫德拒日排放核廢水

日本預計最快在7月準備將高汙染的核廢水排放入海，周邊不少國家表達反對立場。但是，剛訪問日本的柯文哲先是說：「為了台灣漁民的權利，擱置釣魚台主權，務實來談捕魚權」；現在，又誇讚日本是個負責的大國，一定會依照標準排放，還說自己不擔心。試問：當核廢水流入大海，魚都死光了，吃了這些死魚將有害人體健康，這是哪門子的捍衛漁民漁權？柯文哲的醫德良心又何在？

再說，日本連為二次大戰向慰安婦道歉的勇氣都沒有，何談是個負責任的大國？民眾黨總統參選人柯文哲根本是睜著眼睛說瞎話！還有，核廢水能不能排放流入大海，是件必須要很嚴謹、講究科學的事，不是柯文哲隨隨便便一句話就可以唬弄過去。

事實上，處理核廢水有幾個方式可以選擇。例如：將核汙水固態化並將其掩埋地下的選擇方案，先將核汙水進行砂漿固化作業後掩埋至混凝土坑，砂漿固化後其放射性會在幾百年或幾千年後衰退。

但是，日本政府我行我素，選擇目前最快、且成本最低的，只想花17億至34億日圓的「便宜行事」方案，也就是將處理過的核汙水直接排入海洋，對環境危害最大的處理方案。試問柯文哲：這是小鼻子、小眼睛的日本？還是負責任的大國日本？

　　日本向大海排放核汙染水違反了《聯合國海洋法公約》，這是可以向國際海洋法庭提起訴訟的大事。身為醫生的柯文哲請拿出醫德來，您應該勇敢向日本表達：拒絕排放核廢水的訴求。這才是為了維護漁民的漁權、這才是為了捍衛國人健康，應該有的良心及行動，也才是個「負責任」的中華民國總統參選人。

（刊登於2023/06/13《中國時報》）

日本又排放核汙水　民進黨沒轍？

　　日本福島核電站於當地時間10月5日上午10點18分再次進行了核汙水排放。與首次排放一樣，這次也將有7800噸核汙水被排入太平洋。試問民進黨總統參選人賴清德：能無動於衷嗎？還是，民進黨人都不吃海鮮？

　　可惡的是，日本根本沒有一點大國風範與責任。日本政府根本是小鼻子、小眼睛，將處理過的核汙水直接排入海洋，這是目前最快、且成本最低的17億至34億日圓的「便宜行事」方案，這也是對海洋環境、海底生物、漁民權益危害最大的處理方案。

　　據專家評估：碘-129等放射性元素對人類社會，乃至地球造成長遠的巨大汙染；還有，核廢水中有64種核汙染源，現有技術70%以上都很難去除，最毒的是碳-14、聚積在海洋魚類中，且半衰期長達5370年。但是，民進黨政府對「日本大哥哥」排放核汙水汙染台灣週遭海域，卻一點事都不做，連發聲抗議也不願意。試問：這不是共犯？什麼才是共犯？

　　面對日本排放核汙水，請民進黨政府回歸到「環境」議題，不是進行「政治」議題的考量。日本向大海排放核汙染水違反了《聯合國海洋法公約》，這是可以向國際海洋法庭提起訴訟的大事。就算日本政府是民進黨政府、賴清德總統參選人的大哥哥，面對民眾健康的死生大事，民進黨也該要「親兄弟明算帳」。不是嗎？

　　說穿了，過去國民黨執政，民進黨反核，是為了反國民黨政府，為了騙選票！撈鈔票！民進黨是「以反核為名，行奪權之實」！現在民進黨執政了，民進黨政府不反核汙水，還說微量的放射性元素對身體有益，是自甘淪為日本的倭奴，連日本「小弟弟」都不是，連台灣老百姓的健康權益都不顧！

　　民進黨曾說「我是人，我反核」，現在卻不反核汙水。台灣還有政府嗎？奉勸民進黨：海鮮不要吃、人也不要當了，乾脆也將「反核神主牌」拿去丟掉算了！

（刊登於2023/10/06《中國時報》）

嘴砲台獨是否讓兩岸再次角力？

　　副總統賴清德確定以「總統特使」身分，出訪我友邦宏都拉斯新總統就職，並規劃在中途過境美國。以他這種「嘴砲台獨」的慣性，恐怕會掀起美中台三邊關係的連漪，並讓兩岸再次角力？

　　賴清德與綠軍其他可能接班人不同之處在於他「敢嘴」、勇於「嘴砲台獨」。為何賴清德拼命嘴砲台獨？賴清德為什麼只敢嘴巴喊一喊「台獨」？因為賴清德是「假台獨」，台獨工作者是假，想要當總統是真！

　　過去綠營立委蔡易餘就曾經提出《中華民國憲法增修條文》修正草案，並認為這個版本是就認知的事實狀況做一個客觀陳述，因此主張拿掉「國家統一前」等詞彙。

　　當時賴清德如果是真的「台獨工作者」就應該支持這個提案，趕快遊說自家黨員，現在執政黨是絕對多數黨，要是「真台獨」，賴清德應該要有種率先提案修憲，但實際上並沒有！

　　可見，嘴砲台獨的目標是「權力」。這次，國際形勢不一樣。美國視中國大陸為戰略競爭者，讓賴清德得到機會，但美國的兩岸政策還是會有其底線。美國要消耗中國大陸的實力，卻不想兩岸真的打起來，也不會同意台獨。過去，當賴清德說自己是台獨工作者，中國大陸即怒嗆：「制裁台獨就從打擊賴清德開始！」

　　中國大陸為此，肯定會在賴清德過境美國期間施壓美國與台灣，美國也會施壓讓賴清德不能講太擦邊球的話，甚至希望迫使賴

清德講出更模糊和緩的立場。事實上，賴清德已經修正說法稱自己是「務實的台獨工作者」，從台獨金孫往後退了一點，成為務實的台獨工作者，結果拿到「總統特使」的身分，來測試自己在美中台三邊關係的影響力。

　　到了真正出訪時，「務實台獨工作者」的賴清德會不會追求自己2024的總統大位，再一次嘴砲呢？兩岸之間是不是會再次角力？值得觀察。

（刊登於2022-01-26《觀策站》）

台獨工作者如何讓兩岸好好相處？

民進黨總統提名人賴清德近日說：他不放棄與中國大陸持續交流合作，希望可以好好相處……台灣不大，是「好國好民」。這段話聽似四平八穩，實是暗藏禍心不利兩岸好好相處。這是用「和平」來包裝「台獨」，這是為了2024大選的兩岸新論述：和平台獨論。試問：台獨豈能讓兩岸好好相處？

台灣是個「好國」，這只有存在台獨工作者賴清德眼中，這是台獨工作者的政治話術。依據中華民國憲法規定：台灣、大陸同屬一個中國，也就是「兩岸一中」，落實「兩岸一中」才能讓兩岸和平相處，兩岸一中才是兩岸和平、兩岸好好相處的基礎條件；而不是反過來說：我是個已經獨立的「好」國，就可以達到兩岸和平，不論台灣是「好國」或「小國」，只要是個「獨立國」，其所意謂的就是：兩岸要戰爭！

明白地說，務實台獨工作者賴清德的「台灣獨立好國說」就是一種「和平台獨說」的政治話術，這也是要競選2024中華民國總統大位，務實台獨工作者賴清德的「違憲說」！試問：這種不遵守中華民國憲法的政治人物，有資格睜眼說瞎話要兩岸好好相處？有資格競選中華民國的總統嗎？

還有，賴清德提到「台灣如何和平保護自己？」，首先要增加力量保護自己。然而，事實是：在不斷不停的向美軍購之下，蔡英文政府讓美國裴洛西訪台後，失去了台海中線；蔡麥會後，台海在

形式上變成了內海；麥考爾訪團離台後，北京這次在台灣北部海域 85浬畫設禁航區，台灣暫時失去了海空的部分航線空間。試問實台獨工作者賴清德：「和平台獨」保護了台灣民眾什麼？

再提醒務實台獨工作者賴清德：依據中華民國憲法第一百三十七條規定，「中華民國之國防，以保衛國家安全，維護世界和平為目的。」您的「和平台獨說」、「好國好民說」又再次違憲也沒有與對岸好好相處，更沒有兩岸和平！

綜言之，台灣不等於台獨。但是，若讓賴清德當選了2024總統大位，台獨問題將會等同於台灣問題，這不僅是台灣民眾的苦難，也是兩岸關係的不幸，更是全世界的一個難題！

（刊登於2023-04-15《風傳媒》）

評台北市調漲營養午餐費

隨著年底選戰將近，柯市府近來一直吹噓政績，卻要漲學生們的營養午餐費，柯市府欺負學生弱勢沒有選票，這樣的態度與做法，對嗎？

台北市教育局副局長表示，一一一學年度共有十七％校園的家長同意漲價，漲價額度在二至十元，平均漲五元。首都台北市的教育經費相當足夠，但學生營養午餐不僅沒有免費，還要漲價，這不是太過誇張嗎？且只有少數的十七％校園的家長同意漲價，這可以做為漲價的理由嗎？

營養午餐應該是主政者對弱勢者「最起碼的照顧」，難道不應該恢復一直以來的「免費營養午餐」政策嗎？目前新黨台北市、新北市、中壢區共十位參選人都主張學生們的「營養午餐全部免費」，值得台北市學習與仿效。

營養午餐對於窮人家孩子尤其特別需要，有些偏遠地區或低收入戶家庭的孩子，是沒有早餐吃的。倘若，有了營養午餐，對於正在成長中的孩子們，至少可以稍為補足一下營養。

「再怎麼窮也不能窮教育」，營養午餐應該全部免費，請柯市長三思。

（刊登於2022/10/15《自由時報》）

柯文哲認同中華民國還是中華民國台灣？

中華民國雙十國慶即將到來，台獨民進黨政府卻將雙十國慶的英文名稱，改為「Taiwan National Day（台灣國慶日）」，欲遮人耳目；不料，前總統馬英九發聲抨擊：「我們的國名，什麼時候從『中華民國』改為『台灣』了？」試問柯文哲：您是認同中華民國還是中華民國台灣？

民眾黨主席柯文哲在今年的520於新北市淡水，舉辦參選2024總統宣示記者會，曾於該致詞稿中提到：台灣「歷經西班牙、荷蘭、明鄭、清朝、日本殖民統治、國府遷台，以至於今日的中華民國台灣」……難道，民眾黨主席柯文哲認同的是蔡政府的中華民國台灣？

當時，民眾黨主席柯文哲回應媒體說：中華民國、中華民國台灣、台灣，在不同場合有不同使用方式，重點是大家都知道怎麼一回事就好。難道，民眾黨主席柯文哲不在乎競選的是不是中華民國的總統，只要競選的是總統就好？

台灣社會雖然已經民主化，但這並不是表示：國名在不同場合，就有不同的稱呼或使用方式。敬請民眾黨主席柯文哲：應該看清中華民國存在的法理與事實，不要胡說：有什麼不同場合就有不同使用方式。認同中華民國就是中華民國，台灣是中華民國治理範圍的一部分，台灣是地名不是國名，請不要亂學台獨民進黨亂改國名來「混淆視聽」。

倘若，民眾黨主席柯文哲認同的不是中華民國而是中華民國台灣，那麼還有什麼立場來監督、批評蔡英文、賴清德、民進黨政府？還有什麼資格要政黨輪替？還有什麼條件要競選中華民國總統？

難道，民眾黨主席柯文哲根本無所謂是不是競選中華民國的總統？難道，民眾黨主席柯文哲之所以會參選中華民國總統，是為了壯大民眾黨，根本不在乎中華民國的未來？究竟，民眾黨主席柯文哲到底是認同前總統馬英九的中華民國？還是認同蔡政府的中華民國台灣？

（刊登於2023-10-03《風傳媒》）

為台獨而戰的募兵制只會淘空國防

海軍陸戰隊66旅4名軍士官涉嫌盜賣國軍刺針飛彈發射筒，但國防部邱國正只淡淡地說是內部管理存有漏洞。但是，這恐怕不僅是內部管理層面而已，若不正視整個「募兵制」質變成「為台獨而戰」，日後連電影的恐怖份子砲打總統府也別意外？

之所以會出現盜賣國軍刺針飛彈發射筒案件，還是得從整個募兵制來加以檢討。在蔡政府執政8年推動台獨募兵制以來，雖然尚處於「供不應求」的階段，但是，關鍵的觀念是：軍中訓練講究的不再是軍人武德與國家光榮，取而代之的是薪資的多寡；換句話說，在蔡政府台獨募兵制的推動下，讓軍人在經社地位上，從志業「反進化」成一種職業，並讓軍人只為自己的荷包而戰！

看看中國大陸。目前同樣也是採用義務役跟志願役的雙軌並行，但不同的是，北京當局針對役男灌輸解放軍服役當兵的光榮感，還必須先看背景及體能選兵，而不是人人想當兵就能入伍。一旦入伍，是一人當兵全家光榮；在退伍後，不管是企業優先錄取，或是創業貸款優惠，政府提供各項的退伍福利政策及措施，以致「供過於求」！

放眼全世界各國，兵役制度的施行取決於國情，莫不以國家安全需求為最重大考量。但是，蔡政府的台獨募兵制的推動，卻是建立在消滅中華民國義務役男的超溢員額的目標下，中華民國的國防不僅被淘空，中華民國的國防豈能不危矣？

也因為，在蔡政府的台獨募兵制下失去當兵的光榮感，在「笑貧不笑娼」的結構問題下的台獨募兵制，也就當然會出現盜賣國軍刺針飛彈發射筒的重大案件，相信這只是淘空中華民國國防的冰山一角，而不是邱國正部長所說的內控漏洞而已。

（刊登於2023-11-06《風傳媒》）

第三部分

和平？戰爭？

台灣需要「永久和平」？還是「不對稱作戰」？

　　對岸對台灣的武力威脅不是一天兩天，該戰機出現在我國的週邊幾乎常態化，這是兩岸敵對關係每況愈下所致。然而，我前參謀總長李喜明近來接受外媒專訪卻是認為：台灣的安全，不能寄望於對岸中共的善意，也不能依賴美國的友誼，只有建構「刺蝟台灣」，運用「不對稱戰力」，是唯一出路；但，也有許多的專家、學者、政治人物主張台灣需要的是：「永久和平」，才是正確的道路，究竟台灣需要的是：制度性的「永久和平」？還是權宜性的「不對稱作戰」？

　　所謂「不對稱作戰」也常呼之為刺蝟戰術、豪豬戰略或毒蠍戰略。簡而言之，係指：台灣在對岸中共的武力威脅下，港口、機場、鐵路已無法殘存，不應該尋求高價位軍備，如：飛彈防禦、反潛機但缺乏效用的軍武，而應改採對重要軍民設施疏散、偽裝、備份與加固，並儲存充足重要物資，再配合強大專業化陸軍，擊退可能的入侵。也就是：「傳統戰力成本最小化、機動致命軍備效益極大化！」

　　但是，所謂「不對稱戰力」真的適合台灣嗎？事實上，這是一種軍備上的觀念、數量與成本的迷思。況且，從國際政治角度來看，「小國」台灣有條件來思考軍事安全嗎？難道，在一個高度緊密連結的全球社會下，台灣還要追求傳統的軍事安全嗎？

　　追求安全？還是創造「和平」？相對於兩岸負向的「敵對關係」，和平是一個正向關係。縱然採取刺蝟戰術的「不對稱作戰」，難道台灣承受得起一次戰爭的摧殘嗎？甘地曾說：追求和平絕對不是投降主義，台灣是不是應該要創造和平，而且是一個制度性的「永久和平」？

　　推動制度性的「永久和平」需要一套「憲法位階」的標準、準則。例如：從《永久和平憲法標準》的立憲草案內容來看，「和平」絕對是人類的「普世價值」，安全只能滿足一國各別性需求，拋棄不對稱作戰，這不僅符合台灣利益、兩岸利益、美國利益，也符合整體性的全球利益；追求和平才是勇敢的表現，和平不是姑息主義，是需要勇氣、智慧與耐心，台灣以「人權立國」，尋求並建立「制度性永久和平」，這才是台灣一個正確的戰略性抉擇。不是嗎？

　　　　　　　　　　　　　（刊登於2021-08-11《今日廣場》）

雙英各自出訪是和平或戰爭的選擇？

　　最近台灣好熱鬧。幾乎同時，一位前總統向中國大陸開啟「祭祖交流之旅」，另一位即將成為「前總統」的現任總統，向美國啟動「民主夥伴共榮之旅」。事實上，台灣民眾必須嚴肅看待，這雖然是「雙英」各自在刷「存在感」以及各自「取暖」的出訪，但卻是台灣民眾對於二〇二四與未來是要和平或戰爭的選擇。

　　往美國出訪的那位，計劃與美國眾議院院長麥卡錫會面，中國大陸國台辦發言人朱鳳蓮表示：美國若讓蔡英文與麥卡錫接觸，就是那裡拱火，那裡的人民遭殃！這是非常嚴厲的警告，這是在向發出美國不要誤判的訊號，不要配合蔡英文以台灣民眾的權益，來交換個人的政治利益，玩弄兩岸的戰爭邊緣！

　　往中國大陸出訪的那位，以「中華民國」前總統之名公開發言，一邊尋鄉祭祖並走訪過去國軍抗日的路線，一邊讓兩岸年輕人知道戰爭的可怕與殘酷，教育兩岸的青年世代要引以為戒，要避戰並共謀和平，才是兩岸人民之福！

　　雙英。一個是台灣前最高領導人，一個是台灣現任最高領導人。一個勇敢、不怕抹紅，面向「兩岸一中」爭取兩岸和平，一個是怯弱、背向「兩岸一中」轉往緊抱美帝主義大腿挑釁兩岸關係。台灣民眾務必「睜大眼」看清楚，誰才是有利台灣？誰才是有害台灣？

　二〇二四大選，必然會是一場「和平」或「戰爭」的抉擇。選擇「和平」就是積極面對「兩岸一中」的政治詮釋；相反地，選擇「戰爭」就是視「兩岸一中」為畏途及逃避，此次「雙英」的各自出訪，所帶來的示範作用是什麼？要創造的提示作用是什麼？

　要選擇「和平」？還是「戰爭」？是要以「和平」為目標的「祭祖交流之旅」？還是要以「戰爭」為路途的「民主夥伴共榮之旅」？這不是一念之間，有智慧的台灣人民，必須也必要好好地思考了。

（刊登於2023-04-01《風傳媒》）

「習布會」美國霸權還能穩定嗎？

美「中」持續鬥爭，但美國「二把手」布林肯也終於見到了中國國家主席習近平。據北京的央視畫面，習近平會見布林肯「獨坐主席位」，美中官員分坐兩旁，在這樣的態勢下，美國霸權還能穩定？美國將會如何維護自身霸權？

所謂「霸權穩定論」係指：當一個單一的民族國家占主導地位的世界大國或霸權時，國際體系更有可能保持穩定。因此，當現有的美國霸權的衰落，會削弱國際秩序的穩定性，甚而改變既有的國際秩序。

在美中這麼激烈的鬥爭下，習近平為何還願意讓布林肯到北京來？北京的「核心利益」就是領土主權不可分割的完整性，相對而言，台灣問題只是美國霸權穩定國際秩序下的一個「週邊利益」。美國為了維護自身霸權，是不是再次犧牲台灣？

換句話說，美國可以將台灣打造成烏克蘭第二。用犧牲台灣的利益，來換取中國大陸晚10年至20年的崛起，讓美國能夠延續霸權。從政治計算而言，美國自身利益絕對大於台灣利益，犧牲一個小小的台灣，對美國是值得與北京作為交換標的。

北京會上美國的當嗎？北京會吃美國這一套嗎？事實上，北京很清楚，以美國現在的綜合國力，絕不可能在東、西兩方同時打兩場戰爭。因此，在俄烏戰爭持續未決之際，美國絕不可能發動台海戰爭。再說，從北京自身利益的角度而言，台灣本來就是中國神聖

領土不可分割的一部分，已非吳下阿蒙的北京，是不可能也不會接受讓美國用台灣問題來交換美國霸權利益。

　　中國大陸的「和平崛起」是擋不住的。美國拿台灣問題作為政治交換的老招，已經行不通的，也就是，從這次習布會可以觀察到：不僅是中美和解，而且是確認中美雙方平起平坐的關係地位，美國霸權還能如同過往穩定嗎？台灣若再配合美國玩火台獨把戲，恐怕只會自取其辱了。

（刊登於2023-06-25《風傳媒》）

美國的戰爭秩序或將翻轉？

俄烏戰爭還在打，台灣不能成為下一個烏克蘭，美國戰爭結構的影響是關鍵中的關鍵。此時，中共國家主席習近平正出席「反對西方秩序」的金磚國家首腦年會，這會是促進世界和平的開端？是否會是翻轉美國戰爭秩序的開始？

借鏡過去，日本之所以發動世界二次戰爭的重大原因之一，就是日本國內的經濟危機。經濟危機加上關東大地震，強烈需要轉嫁矛盾；軍人需要經由戰爭來獲取財富；日本普通平民在日軍占領之後，才有獲取耕地與財富的機會，可見，發動戰爭是解決經濟危機的重要手段。

美國雖是全球霸權的領導國家，但是美國正發生債台高築，可不可能發生無法償債的問題，也不能完全排除；會不會像希臘那樣而發生「美國債務危機」？會不會如同二次大戰的日本一樣？美國政府債務水準對一個全球霸權的領導而言，不可說無關緊要，這或許也是美國到處在全世界點火引爆戰爭兜售軍火，建構所謂美國戰爭秩序的根本原因。

但是，這個戰爭秩序面臨挑戰。金磚五國成員，包括：南非、巴西、俄羅斯、印度和中國大陸，過去，即有反對以美國為主的西方領導世界秩序的共同信念，在中國大陸和平崛起之後，金磚五國勢必將從「反美國西方秩序」轉演成「反美國戰爭秩序」的重要推手。

　　所謂的金磚國家：中國大陸、巴西、俄羅斯、印度和南非，代
表著全球經濟的四分之一，金磚國家也代表了位於三大洲、40%的
世界人口，都有一個共同目標，即建立一個更好地反映出其利益與
影響力的全球秩序。「經濟能力」將能決定反對美國戰爭秩序的
「和平實力」，隨著金磚和平聯盟正在擴大，翻轉美國戰爭秩序的
可能性也隨之增大。

　　美國這種西方霸權領導的戰爭秩序，是不是將隨著金磚和平聯
盟的崛起，而被翻轉甚或是崩壞？期待在可預見的不遠未來就會發
生，美國領導的戰爭秩序也將會被印證是個錯誤。

（刊登於2023-08-24《風傳媒》）

俄朝會談擴大反美霸權聯盟？

　　俄烏戰爭還在持續，美國戰爭秩序正在動搖。然而，俄羅斯總統普丁與北朝鮮領導人金正恩，在東方太空發射場歷經2小時會談。除了，深化俄朝的雙邊的軍事合作關係，是否與北京的金磚反美秩序聯盟產生影響或連動？是否產生反對美國霸權領導戰爭秩序的「擴大力量」？

　　在東方太空發射場的會談裡，金正恩承諾普丁：深化兩國關係將是「第一要務」，並稱俄羅斯將擊敗企圖破壞俄國安全的「霸權主義勢力」，俄羅斯總統普丁則回應：俄國可以幫助北韓打造衛星，兩國可能也會討論軍事合作。這是俄羅斯對北朝鮮的軍事合作交易嗎？

　　雖然，金正恩沒有明確說出誰是破壞俄國安全的「霸權主義勢力」，但在俄烏戰爭期間還這樣說，顯然係指美國領導的西方霸權勢力。這是，北朝鮮領導人金正恩向俄羅斯總統普丁的「口頭承諾」？還是，北朝鮮將會以「實質軍事行動」來支持俄羅斯呢？

　　倘若，金正恩係以「實質軍事行動」來支持俄羅斯，那麼會是在俄烏戰線上另闢一個反美霸權戰爭秩序的「前線戰場」？還是，金正恩將讓北朝鮮做為俄羅斯在對抗美國霸權戰爭秩序的「後勤支援」？

　　此外，影響反對美國戰爭秩序的「金磚和平聯盟」正在擴大，這股由北京領導的「金磚和平聯盟」，與「俄朝會談」同樣不滿意

美國霸權所領導建立的戰爭秩序。但是，以「軍事合作關係」為主的俄朝會談，將會與北京領導的「金磚和平聯盟」發生什麼樣的競合關係？

倘若，「軍事合作關係」為主的俄朝會談，將會與北京領導的「金磚和平聯盟」發生「合作關係」，那麼能否產生反對美國霸權領導戰爭秩序的「擴大力量」？退一步說，是不是能結束俄烏戰爭？若是，採取「以戰止戰」模式來改變美國霸權領導的戰爭秩序，或是結束俄烏戰爭的話，那麼反美霸權領導戰爭秩序的勢力，誰才是領頭老大？俄烏戰爭若能「和平落幕」，是否意謂美國霸權戰爭秩序的失敗，北京領導「金磚和平聯盟」的勝利？值得觀察。

（刊登於2023-09-16《風傳媒》）

借鏡俄烏戰爭，台灣要自立自強

　　烏克蘭擁有全球稀有的肥沃黑土，特別適合用於發展農業，是全球第五大的糧食出口國，因此烏克蘭被外界視為是「歐洲糧倉」，俄羅斯當然對其充滿野心。俄烏真的開打了，烏克蘭的狀況可以給台灣一個借鏡。烏克蘭對俄羅斯是不可以放棄的核心利益，而台灣也是中國大陸的核心利益，倘若損及核心利益，俄羅斯與中國大陸不會妥協將不惜用兵。

　　從台灣看烏克蘭危機的角度，台灣雖不是亞太糧倉，但卻擁有世界第一的「台積電」。一種是認為台灣就等於烏克蘭，現在全球多數國家都「聲」援烏克蘭，所以如果兩岸發生衝突的，美國會幫助台灣；另一種認為台灣不等於烏克蘭，因為從戰略位置來比較，台灣在亞太地區的重要性非常大，美國對台灣的需要是遠超過烏克蘭，所以即便這次美國沒有出兵援助烏克蘭，但美國會出兵協助台灣。

　　事實上，戰爭沒有贏家，假如兩岸一旦開戰，受害最深的就是台灣民眾。台灣對美國來講算是重要利益，但絕不算得上是核心利益，美國當然想利用烏克蘭危機賺得利益，譬如軍火商的利益，另外更製造了烏克蘭跟俄羅斯之間的矛盾，再加上如果東歐愈有戰爭危機感，資金就會往美國跑，歐元就會貶得更慘，美元就可以升值，這就是美國可以撈到的一個好處。

　　對美國這種國際霸權國家來講，國際間任何衝突都是獲利機會，所以國際的衝突愈多，美國的可能利益機會就愈大。但此次烏克蘭危機，最輸的就是烏克蘭的人民，同樣以兩岸來講，兩岸如果衝突，最慘的就是台灣人民。

　　烏克蘭處境跟台灣的相近的地方在於國際的地緣關係，因為烏克蘭就在俄羅斯旁邊，對俄羅斯來講，核心利益也是戰略底線，就是北約不可以擴充軍事力量到烏克蘭。面對台灣兩岸情勢，中國大陸的核心利益也是戰略底線，就是台灣不可獨立。

　　這次俄烏克蘭開打前，普丁已經先拜訪習近平，推斷兩國已有默契，倘若未來台海真的衝突甚至開戰，難保普丁為了還習近平這個人情，俄羅斯派出航母牽制美國援助台灣，台灣實在要自立自強，千萬不可誤判情勢。

（刊登於2022-03-01《今日廣場》）

以巴衝突是戰爭還是屠殺？

　　巴勒斯坦伊斯蘭主義團體哈瑪斯與以色列再次爆發激烈衝突，讓加薩地區陷入戰火之中，雙方迄今死傷慘重。美國總統拜登公開表示：美國絕不會放棄以色列，並且將襲擊以色列的哈瑪斯視為敵人；反觀，前民進黨主席施明德則公開在臉書貼文：「我是巴勒斯坦人，我哭泣。」以巴這場戰爭，恐怕演變成一場「合法」大屠殺？

　　這場以巴衝突是穆斯林與猶太主義的對決？是基督教與伊斯蘭教的誓不兩立？美國政府支持以色列回擊哈瑪斯，但美軍基層士兵卻反對猶太主義，反對為以色列而戰。以色列對哈瑪斯、巴勒斯坦政府、巴勒斯坦人民，還以無差別攻擊，危害平民的生命財產，這已經犯下了戰爭罪，這不是一場符合戰爭法的戰爭，而是一場充滿仇恨的大屠殺。美國政府還能像過去一樣，依靠單邊主義介入這場以巴大屠殺嗎？

　　除了施明德表態支持巴勒斯坦之外，針對以巴衝突，世界各個主要國家也有表態。例如：歐盟要求加薩走廊永久停火、俄羅斯呼籲以巴雙方立即停火、英國呼籲以巴雙方立即停火、法國建議停火48小時並繼續談判、中國大陸呼籲雙方中止衝突，提供100萬美元緊急人道援助、聯合國安理會呼籲雙方停火；但是，美國拜登政府卻表示：以色列攻擊是為自衛行動，否決聯合國安理會的聲明。試問：當聯合國以及各主要國家都要求「以和為貴」時，美國政府卻

是要以巴繼續打下去並分出個生死。這是支持以色列？還是要與全世界為敵？

伊斯蘭主義團體哈瑪斯並不能代表全體的巴勒斯坦人民。難道，巴勒斯坦的平民老百姓就活該被屠殺嗎？針對這次以色列和巴勒斯坦的大屠殺，自許為「和平締造者」的中國大陸，應該扮演重要的角色。美國拜登公開表示支持以色列，這對於一些南方國家中的阿拉伯國家來說，是非常不舒服的，但以前沒辦法反制，現在則可以寄和平希望於中國大陸。

面對這場以巴衝突，美國違背多數國家的意向並固執採取「以戰止戰」，顯然不是個聰明的決策及做法，也同時考驗「和平締造者」的北京政府，有沒有智慧處理這場以巴衝突，還給巴勒斯坦老百姓一個和平的未來了。

（刊登於2023/10/20《中國時報》）

不是誰當總統都能避免戰爭

　　和平與戰爭是這次2024大選的主軸。近來，台中市豐原出現一面由國民黨籍豐田里長劉瑞銓懸掛的醒目大型看板，內容寫著「我愛台灣，誰當總統都可以，但是不准有戰爭，我的孫子才2歲」，引起外界熱議。誰當總統都可以，但是不准有戰爭，這句話的訴求與邏輯，真的沒有問題嗎？

　　據肯塔基大學派特森外交與國際商業學院高級講師法利（Robert Farley）在《國家利益》（The National Interest）發表「2018年最有可能爆發第三次世界大戰的五個地方」一文指出，最可能爆發戰爭的地方，台灣就排名第二，僅次於北韓，其餘則為北約的南方同盟、烏克蘭以及波斯灣。

　　戰爭何其可怕！看看烏克蘭，因為選錯了國家領導人，讓整個烏克蘭幾乎成為了廢墟。可憐的烏克蘭人民，何只孫子？連兒子都保不住！但是，台灣民眾覺醒了嗎？連這位國民黨籍的里長，也陷入誰當中華民國總統都可以的邏輯謬誤。「票投民進黨，青年上戰場！」民進黨為了企圖延續政權而搞台獨，寧願犧牲年輕人寶貴的生命，將兵役延長為一年。試問：能讓「務實台獨工作者」的民進黨總統候選人賴清德選上總統嗎？

　　從國共內戰到民進黨執政，這將近一百年的兩岸敵對狀態裡，台灣民眾恐懼戰爭也厭煩了戰爭。現在，台獨就是戰爭！民進黨的政客「債留子孫」、「債留曾孫」自己吃銅吃鐵吃台灣人民夠夠；

台獨金孫的兒子拿美國籍，卻要台灣老百姓的兒子、孫子上戰場，要打仗的時候，難道搞台獨的民進黨人不該鼓勵兒子、孫子都上戰場保衛台灣嗎？還是，別人的囝仔死不完？

試問與阿扁同為台南本命區的總統參選人賴清德：阿扁選總統時，可是將兒子陳致中從軍做伏地挺身強打文宣，難道您不把兒子、孫子叫回台灣做幾下仰臥起坐嗎？

負責任的政黨或政治人物應該極力避免或防止戰爭，而不是搞台獨或是讓兩岸持續敵對處於戰爭的風險之中！綜言之，台灣人民有免於戰爭恐懼的自由與權利，為了下一代甚至下兩代的未來，絕對不是選擇一位搞台獨要引戰的領導人，不准戰爭、要避免戰爭，不是誰當總統都可以。

（刊登於2023/08/07《中國時報》）

第四部分

藍白合？下架民進黨？

「下架民進黨」才是最大公約數

近日，民進黨主席賴清德說：九二共識沒有中華民國的生存空間，並提出維持區域和平穩定現狀，才是台灣人民的最大公約數。一個務實的台獨工作者可以帶來台海兩岸的和平，真是天大的笑話！試問：現任中華民國副總統兼民進黨主席的賴清德，在民進黨今日「抗中保台」的執政下，對岸軍機是不是一樣擾台？那裡來的兩岸穩定和平？

去年，就有一份民調顯示：高達77.3%認為應該維持和平往來；而力主應該「抗中保台」的卻只有16.1%；整體民意超過六成（61.1%）都不認同「今日烏克蘭、明日台灣」的論調。

於是，嘴砲王、「務實的台獨工作者」賴清德改口說「和平保台」，並明確表示：台灣已經是主權獨立國家，沒有再宣布台灣獨立的必要。試問所有的台灣民眾：一個高居中華民國副總統並兼任民進黨主席的人，針對兩岸路線這樣攸關台灣民眾死生的大事，為了總統的權力大位，可以說改就改？民進黨出產這樣的「黑心商品」可以上架嗎？

但是，國民黨現在敢大聲說出：兩岸同屬一中、兩岸共謀統一的「九二共識」嗎？試問：朱立倫主席領導的國民黨，有意願與對岸協商「政治難題」嗎？還是，只是派個毫無政治代表性的夏立言，唬弄一下老共？

　　民進黨的務實台獨工作者賴清德，固然不可上架；但是，朱立倫領導的國民黨，可以像堅持「兩岸同屬一中、追求和平統一」的新黨一樣大聲說：「台灣人也是中國人，中國人不打中國人；還要中國人互相幫助中國人」嗎？

　　台灣不等於台獨，務虛或務實的台獨，都不能保台只會帶來戰爭。台灣民眾的最大公約數，當然不是「務實台獨」，也不會是「抗中保台」，下架一個破壞兩岸和平穩定關係的政黨，才是台灣的主流民意。

（刊登於2023-02-20《風傳媒》）

誰能提出「終結台獨決議文」？

烏戰爭滿周年卻尚未停戰，雖傳出北京要介入進行和平談判，但台灣同時傳出美國有「毀台計畫」；其實，台海兩岸與俄烏關係不同，但綠營台獨人士卻一直主張台灣是主權獨立國家，大量向美軍購，鼓吹台灣備戰，甚至要求台灣社會全民皆兵，倚美謀獨，以致台灣動盪不安。顯見，二○二四年要終結台獨，才是台海兩岸關係正常化的正確道路。問題是：誰能提出「終結台獨決議文」？

民進黨就不談了。中國國民黨總統熱門人選侯友宜？侯友宜曾說：不要做強國的棋子。這是侯一貫的政治語言，強國可以說是美國，也可以說是中國，這是侯友宜企圖同時爭取藍營疑美、綠營恐中的選票、選民的話術。試問：觀察侯友宜從政幾十年來，針對美台關係、兩岸關係，有真正的中心思想與核心理念嗎？

例如：美國國務卿布林肯鄭重警告北京當局，若提供俄羅斯「致命性軍援」，將會給北京帶來「嚴重後果」時，中國國民黨總統熱門人選侯友宜說話了嗎？表態了嗎？

或是，中國國民黨主席朱立倫？據媒體指出：朱立倫個人智庫正規劃「台灣中立化」政策。什麼是中立？中立於美中台關係？這麼小的台灣有權力選擇中立嗎？能夠在「台灣關係法」與「九二共識」之間選擇中立？能在中國大陸與美國之間做得到中立？

試問：當美「中」關係因近來的間諜氣球事件、美國公開警告北京勿援俄侵烏事件時，中國國民黨朱立倫說話了嗎？表態了嗎？

有說一句公道話嗎？

事實上，「兩岸和平」，是兩岸民眾的主流民意，「反台獨」則是兩岸民眾的最大公約數。消滅台獨是兩岸的當務之急，更是創造台灣經濟發展、兩岸中華民族復興的關鍵要素。

台灣不是台獨，台獨就是戰爭，就是反和平！但台灣民眾不等於台獨黨，惟當前民進黨執政，操弄、欺騙台灣善良民眾，以「抗中保台」鞏固台獨政權，現又有務實台獨工作者賴清德，以「和平保台」口號，妄想延續台獨政權，為了消弭台灣社會的分歧，促進兩岸和平並增進兩岸民眾福址，「終結台獨決議文」實在是不做不行！

終結台獨就是終結兩岸之間可能的戰爭，就是創造兩岸關係的和平與統一。敬告有志於總統大位者，那個政黨有提出「終結台獨決議文」的道德勇氣？又是那位政治人物會是台灣的良心呢？「下架民進黨」讓二〇二二敗選，相信二〇二四就是「終結台獨」的開始！

（刊登於2023-03-01《風傳媒》）

雙語政策不能消弭美國疑賴論

近日，民進黨總統參選人賴清德在國政願景發表會上提出「雙語政策」，並說：英語是「提升國際交流」與「提升專業領域知識」所必要的國際語言。真是如此嗎？還是賴清德藉著提出「雙語政策」，向美國「表忠」進而消弭美國的疑賴論？

早在2014年，時任台南市長賴清德推出了以英語為第二官方語言的十年計畫，在2017年接任行政院長後又進一步推動全國雙語政策，不過，長風基金會於2023年5月28日舉辦「突破論壇」，與會的學者專家已經提出警告：2030雙語政策面面俱輸，且是國安級災難。現在身為副總統又要參選2024總統的賴清德，此時又再一次推出「雙語政策」，究竟政治意涵為何？或是，有何政治圖謀？

最近，賴清德在接受《彭博》訪問中提到：「台灣已是一個主權獨立國家的主張，因此不會也沒有必要另行宣布台灣獨立，更無意更動中華民國名稱」；務實台獨工作者賴清德，雖然在目前的大選民調暫時領先，但事實上是一直突破不了「台獨天花板」，顯然美國「疑賴」仍舊無法消除。

因此，務實台獨工作者賴清德才會再「加碼」提出「雙語政策」向美國表態表忠。賴清德的雙語政策就是「講美語」政策，也就是向美國政府宣示：台灣社會從孩童開始就要「講美語」，美國人就像台灣人的爸爸，可以說是「第二個爸爸」一樣，美國政府不該再疑賴了。

　　事實上，「雙語政策」具有極高的政治意圖。過去，中正大學舉辦「台美教育倡議：建立全球教育夥伴關係研討會」時，外交部長吳釗燮就表示：「教育合作」是連接台美文化與社會，並在各領域建立夥伴關係的雙語政策，促進台灣官方以及民間和其他英語國家的交流」。換言之，推動「雙語政策」是期待可以拉近美台關係，在面對北京促統的壓力下，向美國輸誠，以確保台獨工程。

　　然而，就語言人口統計來說，全世界講英語學習英語的人口約計12.68億，而全世界華語人口已經超過13億了，現行國際交流的相對多數語言是「華語」而不是英語，連美國人都要自己的小孩從小就要「說華語」、「寫中文」，民進黨與務實台獨工作者賴清德埋著頭搞「去中化」時，根本不知道全世界的潮流走向，包含台獨的美國爸爸也正在「中文化」，民進黨豈不是可笑又可悲？

　　但是，可惡的是，務實台獨工作者賴清德，要台灣大人們講英語之外，將英語「官方語言化」後，就要台灣的小朋友、孩童們，從小就要說英語學英語，這是在「洗孩子們的腦」，殘害自己國家的幼苗，讓台灣孩童們從小就忘了自己是中國人，而台灣人又不是美國人，還要將美國人當作爸爸來看。為了自己的總統權力大位，連自己國家的國父是孫中山，都可以換成是美國人。這不是不忠不孝？這不是在刨中國血緣的根？這不是非常可惡至極嗎？

　　請賴清德看清楚，當前的國際社會態勢，是白宮正在向北京釋出善意，甚至，要跟上全世界都在「講中國話」的潮流，推動「雙語政策」向美國表態表忠，也不可能會消弭疑慮讓美國「信賴」。

（刊登於2023/09/21《中國時報》）

三國孫劉聯盟失敗　藍軍不知道嗎？

　　「賴柯侯」三足分立，朱立倫主席一直主張要「下架民進黨」，就要「藍白合」才能夠辦得到，就像三國時代諸葛亮主張「孫劉聯盟」，才得以「復興漢室」。問題是：中國國民黨這個選戰的大戰略執行到現在，卻讓總統參選人的侯友宜支持度落後位居老三，直到現在「金小刀」金溥聰擔任侯團隊的競辦執行長，也尚未改變這個結構性落後態勢。究竟癥結何在？

　　民眾黨主席也是總統參選人的柯文哲曾說：政黨合作不是只談權力與利益的分配，還要衡量彼此雙方的價值理念，而且不要再談下架民進黨。事實上，三國時代諸葛亮提出的「孫劉聯盟」之所以會導致破裂，並不是關羽的大意失荊州，而是在於諸葛亮要的政治價值是「復興漢室」，而孫吳卻認為「漢室不可興」要「發展孫吳」。

　　借鏡孫劉聯盟的失敗，就是孫劉雙方在「價值理念」上的根本衝突，放在現在「賴柯侯」的選戰態勢，倘若，中國國民黨主席朱立倫，或是侯團隊的競辦執行長「金小刀」，無法認清柯文哲根本不會接受中國國民黨要「下架民進黨」的政治理念，反而像是三國時代孫吳一樣，是要「壯大民眾黨」這個道理，還要一直高喊「藍白合」，最後恐怕會像孫劉聯盟破裂，導致「下架民進黨」失敗，而無法重返執政。

　　相對「孫劉聯盟」，東吳魯肅曾向孫權提出「榻上策」，也就是：等到孫權拿下荊州後，將領土延伸到長江盡頭，就可以稱帝，和北方的曹操劃江而治，實現「二分天下的規劃」，這不就是民眾黨柯文哲在挖中國國民黨牆腳，以「藍白合之名，行白吞藍之實」，最終期盼達到與民進黨二分天下的詭計嗎？這不就是「白皮綠骨」柯文哲的內心算計嗎？

　　事實上，「白皮綠骨」的柯文哲，根本知道選上中華民國總統的機率不大，現在的高民調是虛的，民眾黨要的是在立法院能夠再增加立委席次，以達到可以向民進黨喊價、分配權力及資源的目標。柯文哲曾說自己較為適任行政院長，難道，中國國民黨主席朱立倫與「金小刀」還不能認清「藍白不能合」嗎？

（刊登於2023/06/29《中國時報》）

朱立倫推「執政大聯盟」的盤算

　　2024大選，這個大局愈來愈清清晰也愈來愈混沌。國民黨主席朱立倫在全代會上表示，國民黨若是重返執政將組成「執政大聯盟」，此話引來熱議。國民黨總統參選人侯友宜競選辦公室執行長金溥聰更直呼，不理解執政大聯盟。朱立倫看似提出了符合多數民眾期盼的具體方案，其實是頗為權謀的政治算計。

　　朱立倫所提「執政大聯盟」的概念，就是必須要「團結」所有泛藍、非綠、在野的政治力量，也就是結合所有「下架民進黨」的力量，完成政黨輪替的政治目標。政治科學家伊斯頓曾說：政治學定義係指政治是社會價值的權威性分配。最大在野黨國民黨主席朱立倫就是在做這件政治布局。

　　最大在野黨主席朱立倫認為所謂的「團結」，就是「權力分配」。身為最大反對黨國民黨的主席朱立倫，就是要告訴泛藍的韓國瑜及侯友宜、非綠的柯文哲、在野的郭台銘：「我才是未來執政團隊的權力分配者」。在這個自詡「權力分配者」朱立倫的布局裡，該未來執政團隊的權力要角，包含：陽春總統侯友宜、行政院長柯文哲、立法院長韓國瑜，以及最大黨主席朱立倫自己。

　　但是，這個布局的問題在於：民進黨的賴清德、民眾黨的柯文哲，都是黨主席身兼黨的總統提名人，賴清德提民主大聯盟以及柯文哲提聯合政府，都沒有問題，唯獨國民黨主席並非總統參選人的朱立倫，可以提出執政大聯盟嗎？韓國瑜會配合嗎？侯友宜的角色

在哪？柯文哲會搭理嗎？郭台銘會入局嗎？

　　現在，在野的郭台銘會入朱立倫「執政大聯盟」這項布局嗎？郭台銘曾經說：自己不求任何職位來協助在野力量完成政黨輪替。可見，郭台銘不會入朱立倫的局；非綠的柯文哲曾說：合作不是權力職位的分配。可以想見，柯文哲不認同朱立倫的理念，也不會入朱立倫的局；泛藍的韓國瑜也曾說：2024大選，自己是啦啦隊的角色，何況，即使是最大在野黨的黨主席，朱立倫提執政大聯盟，恐怕僭越侯友宜若當選憲法賦予的組閣權。在這樣的條件之下，韓國瑜還會甘冒違憲而配合演出嗎？

　　誠如國民黨總統參選人侯友宜競選辦公室執行長金溥聰所言：當務之急，就是要把國民黨總統參選人侯友宜的民調拉高，至少在整合的時候不會被人家嫌棄。也就是：朱立倫提出的「執政大聯盟」若可以成局，前提是侯友宜的民調要拉升高過所有泛藍、非綠、在野的代表性勢力。

　　身為會計學博士，聰明過人且號稱政治精算師的朱立倫，豈有不懂金溥聰的顧慮？怎麼可能認為：韓國瑜、柯文哲、郭台銘，會加入「執政大聯盟」這個局？事實上，朱立倫這局的盤算，在於訴求所有的泛藍、非綠、在野的選民；身為最大在野黨的黨主席，2024大選這一場仗，他已經盡了最大的誠意及努力；倘若，一戰功成，那麼最大輔選功勞勢必是朱立倫主席，反之，一戰不成，那麼最大敗選責任也不在朱立倫，是不加入「執政大聯盟」的泛藍韓國瑜、非綠柯文哲、在野郭台銘，這三個人才是最大戰犯。

直白地說，「執政大聯盟」是政治精算師朱立倫「完美卸責」的政治盤算，以確保2024大選，可以穩住黨主席的權位。國民黨有這樣自利自私計較自己一畝三分地的黨主席，侯友宜及金溥聰，還需要敵人嗎？

（刊登於2023/07/26《中國時報》）

誰對回歸雙首長制不開心？

面對2024總統大選，外傳侯友宜與柯文哲有望「藍白合」，甚至連國民黨主席朱立倫，日前也在中常委上拋出「責任內閣制」的議題，認為聯合政府要從總統制回歸雙首長制，最終完成責任內閣制。是不是會對大選後的整個政經局勢穩定有所助益？對於藍白綠陣營有什麼影響？民眾會不會支持呢？

要肯定的是，這是對2024年大選後的超前部署。首先，會有所影響或應該支持的，就是民眾黨柯文哲為首的白色陣營。雖然，柯文哲參選總統以來的民調占有利趨勢，但近來則有下跌，加上民眾黨仍是個地方扎根不深的年輕政黨，爭取閣揆大位對柯文哲的政治生命，或是民眾黨的生存發展，都是一個不錯的選擇。

其次，會有所影響或應該支持的，或是國民黨主席朱立倫了。為了2024大選後的政治布局，將權力轉移至立法院，並支持恢復閣揆同意權，讓國民黨從最大在野黨成為立法院的國會穩定多數的政黨，也是可以讓中國國民黨主席朱立倫「權力最大化」的一條戰略選擇。朱立倫很可能爭取成為大選後2024的最大權力共主，那麼有何理由不支持呢？

第三，會有所影響的則是，準卸任總統蔡英文及其派系立委。對於即將卸任的蔡英文總統想的是：既要維持自身的政治影響力，又怕被選後的總統當選人進行清算。那麼，支持「回歸雙首長制」，就是可以牽制「選後大總統」的一步好棋。試問蔡英文總

統：何樂而不為呢？

　　換言之，「回歸雙首長制」甚至是「責任內閣制」，可以限縮總統及大部分政治人物的權力，也可以避免再發生如同「蔡英文大總統」的執政亂象，想必台灣多數的善良百姓們應該是沒有不支持的理由。

　　事實上，「回歸雙首長制」就是回歸中華民國憲政體制，會不開心的人，恐怕只有「台獨金孫」總統候選人賴清德及其台獨政客們吧。

（刊登於2023/09/08《中國時報》）

在野非綠如何藍白合？

　　面對2024大選，藍白合已經傳了好久。近日，民眾黨柯文哲回應了國民黨說：「不講民調，一定要當正的，算哪門子合作？」在野非綠、藍白合是所謂的「權位分配」或是「議題共識」的整合？到底，面對民進黨賴清德民調的一枝獨秀，在野非綠該怎麼藍白合？

　　依據凱恩斯法則在政治實務上的應用：雖然藍白要合，但是因為藍白或整個在野非綠的陣營，面對民進黨的台獨亂政，卻無法有回應民眾需求的具體國政議題的共識，才無法有效完成在野非綠陣營的藍白合，以致國民黨侯友宜、民眾黨柯文哲都落後於民進黨賴清德。

　　然而，國民黨除了喊出「下架民進黨」外，就是：「不講民調，一定要當正的」，這是典型的伊士頓提出的政治就是價值的權威性分配。但是，在台灣獨特的政經發展環境下，政治與經濟能夠切割來嗎？2024大選是朱立倫、侯友宜、柯文哲3人的事嗎？是這3位政治人物的權位分配而已嗎？是「下架民進黨」就好了？試問朱立倫、侯友宜：國民黨憑什麼說服台灣民眾，要來主導下架民進黨？

　　還有，在野非綠陣營的郭台銘曾說：政治是要為經濟來服務的。侯友宜也曾說：台灣民眾要的是「安居樂業」。現在，國民黨向民眾黨提出了藍白合，但涉及國政議題，如：恢復閣揆同意權、

總統到立法院國情報告、回復義務兵役四個月役期、兩岸和平方案、核四重啟、解決青年低薪、廢除台獨課綱等等，卻一點都不談？一副不理郭台銘，朱立倫、侯友宜談妥後逼柯文哲就範的樣子，能夠取得民眾支持？難道，這就是朱立倫或郭台銘一直掛在嘴邊上的「主流民意」？

倘若，在野非綠陣營的藍白合，就是朱立倫、侯友宜、柯文哲這幾個高層政治人物的權位分配，那麼能夠稱作是主流民意？過去有60%的民眾意向要下架民進黨，但根據最新民調顯示：現在只有43%的民眾支持藍白合。可見，台灣民眾已對「藍白合」漸漸失去耐心。

朱立倫、侯友宜、柯文哲、郭台銘，若看不清楚主流民意，還在嘴巴上談權位分配不進行議題共識的整合，那麼在野非綠的藍白合只會是一場空，「下架民進黨」恐怕就只能淪為泡影了。

（刊登於2023/10/03《獨家報導》）

郭台銘參選是在野整合的契機？

　　以台灣CEO為訴求的鴻海創辦人郭台銘，「台灣阿銘」今天終於宣布以總統參選人的身分來投入2024總統大選，準備全面展開連署以取得參選資格。據最新Yahoo奇摩發起的網路投票顯示：賴清德拿下33.2%居冠，緊隨其後的就是有21.9%得票率的郭台銘，柯文哲、侯友宜則分別有18.5%、13.3%支持度，侯友宜持續墊底。這是在野整合的機會還是挑戰？

　　「下架民進黨」一直是目前為止的最大民意，但是誰來下架民進黨？郭台銘、柯文哲、侯友宜，都自認自己是可以下架民進黨的人，於是，縱然務實台獨工作者存在著「台獨天花板」的侷限，但由於在野始終無法有效整合，民進黨總統候選人賴清德的民調支持度則「一枝獨秀」，令多數民眾焦慮。

　　現在，在金門高舉「和平倡儀」的郭台銘，終於正式宣布要展開連署參選中華民國總統，這是真的腦袋不清楚要參選到底，要台獨分子賴清德躺著贏？還是，在逼迫在野陣營的侯友宜、柯文哲與郭台銘，三人一起談談怎麼整合？

　　期待在野大整合，國民黨可以完成「下架民進黨」的民眾，恐怕要期待落空了。國民黨主席朱立倫徵召、總統候選人侯友宜的民調始終拉不上來，實在沒有登高一呼來整合柯文哲、郭台銘的地位及籌碼，隨著郭台銘正式宣布連署參選，可以說國民黨的執政大聯盟，是近乎「不可能的任務」了。

無黨無派的郭台銘現在是展開「懸崖談判」。也就是，郭台銘藉著正式宣布連署參選讓聲量爆增，在連署填表公開副手前，一方面施壓民眾黨柯文哲接受副手的安排，一方邊緣化民調居末的侯友宜，最終完成郭柯配與民進黨賴清德一戰。

　　這是在野整合的契機嗎？支持「下架民進黨」的民眾，不能只是旁觀者了，必須要有所行動，務必逼著郭台銘、柯文哲、侯友宜，三個人可以一起坐下來喝咖啡談一談。否則，郭台銘若真的參選總統到底，那麼「下架民進黨」也將淪為空談了。

（刊登於2023/08/29《獨家報導》）

尚能飯否？宋楚瑜是個偽藍軍

　　親民黨主席宋楚瑜又出書了，而且表示：歡迎認同他所講的「推動兩岸和平倡議，進行和平對話，照顧基礎民生」的人士，做親民黨的不分區立委參選人。並進一步宣示：2024大選，親民黨要拿下3或4席的不分區立委。但是，橘子早已經變綠變酸，81歲老帥的宋楚瑜尚能「飯否」？

　　現在，區域立委方面，親民黨原來具有實力的政治人物，不是回鍋了國民黨，就是被民眾黨所用，甚至有倒向民進黨的。試問：身為一個沒有理念又失去黨魂的親民黨，如何還能再戰2024大選？

　　親民黨的崛起來自2000年大選，不分老少厭惡當時國民黨的黑金政治，因相信真正擁護藍軍價值的宋楚瑜，能做出改革、可以有個新的未來，將一張一張的選票都投給宋楚瑜，也將改革的期盼與希望寄託給宋楚瑜。

　　之後，宋楚瑜為了繼續反對李登輝，為維護藍軍價值而成立了親民黨。正因為有人還相信親民黨係在維護藍軍價值、經國先生的治國理念，所以也連帶相信宋楚瑜再次代表蔡政府出席APEC領袖會議是為維護中華民國，而非台獨民進黨。

　　然而，從陳水扁執政8年到現在蔡政府8年執政，自許為經國先生信徒的宋楚瑜，不僅與李登輝言和了，在「維護中華民國、反台獨」的價值理念上，可曾有過任何具體且堅持的政治行動？面對民進黨政府的台獨課綱，將中國史改成東亞史時，可曾看見或聽見宋

楚瑜堅持過所謂的正藍價值、經國先生精神？

很顯然，20幾年過去，橘子不僅顏色變綠了、味道也變得更加臭酸不可聞了。現在，宋楚瑜重出政壇訴求：推動兩岸和平倡議，只不過是用來騙選票的政治話術，有智慧的選民，豈能相信？

現在的宋楚瑜，除了會到慈湖陵寢掉幾滴眼淚之外，曾經承諾繼承的經國先生精神還剩下多少？事實上，早在宋楚瑜連任台獨民進黨政府兩任APEC領袖代表的同時，選民們就發現，原來20年前自己支持的投票對象，就是個不折不扣的「偽藍軍」。

（刊登於2023/10/27《中國時報》）

第五部分

2024 之後？後 2024？

遵憲統一　總統參選人不能視而不見

前總統馬英九赴陸祭祖時曾提到：「這個，我們的國家有分兩個部分，一個叫台灣地區，一個叫大陸地區，都是我們這個中華民國（都是中國）」。這不僅是向大陸說也是在向台灣說：我們的憲法是「一中憲法」，國人終究必須面對國家統一這個大議題。

2024大選即將到來，藍營尤其是有志總統大位的政治人物，面對執政8年的台獨民進黨，不能不勇敢談論兩岸統一的議題。何況，民進黨禍亂民生，能源政策根本錯誤，搞限溫令、搞台獨就是個壞的、錯誤的選擇，民進黨總統參選人賴清德說台灣是個「好」國。試問：在民進黨執政之下，好在那裡？

再者，不面對統一，繼續讓民進黨執政的現狀，就是如同民進黨總統參選人賴清德所說：台灣是個主權獨立國家不用宣布獨立，那麼這就是擱置統一而無視維持「一中憲法」的現狀，是不可取的駝鳥心態。

「東升西降」是整個世界的大趨勢，除了藍營有志總統大位的政治人物之外，台灣民眾也必須面對「統一」這個大議題，不能視而不見！事實上，貨幣是一國國力上升或下降的重要判準之一，近日，美國財政部長葉倫即表示：承認美國對他國的制裁可能會破壞美元的主導地位，白話文講就是：破壞美元霸權。

例如：伊朗、俄羅斯、沙烏地阿拉伯、巴西、法國……等國，已經走向程度不等的「去美元化」之路，其中，沙烏地阿拉伯更要

以人民幣結算賣給大陸的原油。美元霸權衰退是現在進行式，人民幣地位同時正在上升，台灣民眾不能視而不見。

美國的獨霸地位已經動搖。在兩岸分合的大勢上，我們必須仔細認清：台獨民進黨「倚美謀獨」是條走不通的死路！相對地，中共總書記習近平在中共第二十次全國代表大會發表政治報告指出：盡最大努力爭取和平統一的前景，但絕不承諾放棄使用武力。習近平同時強調，祖國完全統一一定要實現，也一定能夠實現。提醒台灣民眾，絕對不要低估、輕視、漠視北京對「兩岸統一」的決心與堅持！

若國人都能務實的面對統一，那麼立刻就能省下上億元的軍購費用，讓產業經濟發展以提高受薪階級薪水，也無須延長義務役兵役，各位父母親更不用擔心自己的小孩子冒著生命危險上戰場。這些都是積極面對統一大議題，所可以為台灣民眾帶來的立即性益處。

綜言之，「統一」是避免戰爭達成和平、促進經濟發展、提高生活水準的正確選項，對台灣民眾「有百利而無一害」，更是攸關台灣民眾未來的重要大計！面對2024大選是國人必須好好面對「統一」的關鍵時刻，不能再視而不見了！

（刊登於2023/04/21《中國時報》）

高虹安涉貪案　柯文哲請閉嘴

　　2022新竹市長選舉時，民眾黨高虹安爆出詐領助理薪資和加班費案，檢方日前起訴。民眾黨主席、總統參選人柯文哲表示：高虹安是一個認真謹慎的人，相信她「絕不會有貪汙的企圖」，因此支持她提出證據後為清白奮戰，因為要貪汙的人，帳務不會記得這麼清楚。然而，這是事實真相嗎？是否在玩弄政治話術影響司法？

　　在客觀邏輯上，沒有貪汙的企圖並不表示沒有貪汙的事實，不是嗎？柯文哲說：要貪汙的人，帳務不會記得這麼清楚。這句話的依據、憑藉是什麼？難道，是來自柯文哲從政近10年來的經驗？還是，來自柯文哲高智商的想像呢？司法面前一切以證據說話，相信一般人是很難苟同柯文哲這種智商與經驗的推斷說法。

　　柯文哲還說：一審法院公開審理後，即須接受旁聽、社會公開評論，他支持高虹安全力捍衛自己的清白。台灣社會打訴訟需要金錢更要時間，試問柯文哲：您現在是民眾黨主席又是總統參選人，在這麼忙碌的行程下，如何支持新竹市長高虹安捍衛自己的清白？提供資金挹注嗎？

　　倘若，司法判決高虹安有貪汙的事實。那麼，不論貪汙的金額有多少？就算是貪汙1塊錢，也是貪汙。過去已經有許多民代以類似手法詐領助理薪資的判例，高虹安不是唯一也不是例外。高虹安當然有權捍衛自己的清白，但柯文哲以黨主席身分發言恐有干涉司法之嫌，不宜背書其「絕不會有貪汙的企圖」。

　　整個高虹安的涉貪案件，已經進入司法程序，台灣的老百姓是善良，但不是笨蛋！奉勸柯文哲，不要再玩弄政治話術，亂帶風向來影響老百姓的認知及司法判斷，請柯文哲主席閉嘴吧。

（刊登於2023/08/15《今日廣場》）

台灣年輕人只能淪為下流青年嗎？

　　蔡政府是極受到年輕人喜歡的一個政府，但是為何執政快8年了，基本工資也調高了好幾次，台灣的年輕人還是普遍低薪？難道，台灣除了貧富差距大以外，還就是個普遍低薪社會嗎？台灣年輕人只能是下流青年嗎？

　　就大環境而言，過去，人們相信只要努力念書、辛苦工作，就能夠獲得向上流動的機會，實現致富與夢想，這項大結構變了、沒有了。最主要係由於，在普設大學之後造成學歷貶值與學用落差，以致全台灣的受薪階級，月薪在2至3萬元者逾357萬人，占41.6%；薪水2萬元以下的近70萬人，合計起來有427萬人收入不到3萬元，是龐大的「工作貧窮」一族，甚至於向上流動管道阻塞不通，進而導致低薪世襲的後果。

　　面對這樣的慘況，蔡政府也多次調高基本工資的水準，希望可以達到帶動民間企業的薪資水準，但事與願違。台灣的薪資已經凍結逾10年，不是最近才發生的事，而且仍低於日本、南韓，青年低薪化是台灣難解的夢魘。

　　基本工資不等於受僱薪資，薪資是由市場決定。年輕人低薪的其中一個重要原因在於：雇主為壓低成本，以臨時或派遣人力取代組織非核心員工，拉低了薪資；而這些非核心員工又以年輕人為多數，進而導致年輕人低薪的結果，而這些臨時人員又以政府單位居多。

　　難道，台灣年輕人只能是下流青年嗎？事實上，帶頭讓年輕人低薪就是政府。馬政府時期，就已經推動推出一項將使碩、博士畢業生「起薪打8折」的「大專院校研究人才延攬方案」，進而讓各個企業也仿效而啟用臨時約僱員工。換句話說，只要蔡英文的民進黨政府解決不了這個惡習，解決不了民間企業也慣用臨時僱用的惡習，恐怕，青年貧窮化問題還會繼續存在下去，恐怕，台灣年輕人也只能淪落為是下流青年的困境，很難擺脫了。

（刊登於2022-04-18《風傳媒》）

統或獨？柯文哲不能兩面討好

　　民眾黨主席柯文哲為拚2024總統大位出訪美國並針對兩岸關係提出：「備戰而不畏戰，能戰而不求戰」的主張，同時表示要台灣人民「安居樂業」，這是一邊向賴清德台獨靠攏，一邊又抓取侯友宜過去政見，實在沒有新意。台灣選民不是笨蛋，兩岸關係是重中之重，豈能唬弄？

　　為了兩岸民眾的福祉，2024中華民國總統在兩岸關係上應該採取與民進黨政府「完全對立面」的政策，這近8年以來，就是民進黨政府錯誤的兩岸政策，兩岸關係搞得兵凶戰危，現在民眾黨主席柯文哲又喊出「備戰而不畏戰，能戰而不求戰」，這豈不是民進黨兩岸政策的2.0版嗎？

　　有意爭取2024大位的政治人物，應該將「和」、「統」一起來看，沒有統一就沒有和平，和平與統一是分不開的。台灣有智慧的選民不會樂見民眾黨柯文哲在兩岸政見與民進黨政府採取類似或雷同的主張。

　　事實上，2023年是危機也是轉機的一年，有良心的政治人物都應該明確地來「論述統一」、「引導統一」、「促進統一」，不要像民進黨政客一下子是務實台獨工作者、一下子變成是和平保台、一下子又說兩岸是兄弟之邦，胡說八道、政治話術一堆，為了2024總統大位，兩岸關係沒有定見沒有理念，實在糟糕！

　　中國人愛好和平，兩岸都是中國人也是鐵一樣的事實。兩岸統

一不是毒水猛獸，也不是誰吃掉誰，而是謀求國家的富強與民眾的長遠發展；所以，「面統而不畏統」是爭取2024總統大位應有的兩岸關係態度，經由和平交流、和平協商、和平統一，經由適當時期的彼此「有尊嚴地」對等平等的和平交流合作、共同協商而兩岸最終統一，這是「促和而不求和」的心靈契合。

　　呼籲民眾黨柯文哲主席返台之後，可以停止「備戰而不畏戰，能戰而不求戰」的主張，「面統而不畏統，促和而不求和」，才應該是台灣社會面對2024大選在兩岸關係上的前瞻性訴求。

（刊登於2023/04/28《中國時報》）

曲解聯合國2758決議案

　　《聯合國2758號決議案》是國共內戰下，讓外國勢力介入之下的歷史失誤，以致現今兩岸依然處於敵對關係，讓美國霸權能夠長期左右兩岸關係及影響台海穩定，讓民進黨政府操弄兩岸之間的準戰爭關係，危害台灣民眾安全。

　　二十幾年迄今，決議案係指涉台灣與大陸均是中國的一部分，但或暗或明，台獨政權卻不斷企圖否認及扭曲，甚至美國眾議院日前通過通過《台灣國際團結法》，指聯合國大會2758號決議文無涉台灣，這是美帝與台獨勢力聯手挑戰聯合國的「世界性決議」，企圖破壞台海的和平關係。這不是美帝霸權？什麼才是美帝霸權？

　　民進黨政府，不認同普世的「一個中國」，反而到處散布台獨的毒，妄想仰賴美帝霸權改變聯合國決議，脫離一個中國的代表權，以台灣之名爭取聯合國新席位。這不是國家認同錯亂？什麼才是國家認同錯亂？

　　現在的民進黨高喊台獨，但卻也犯了當年國民黨政府，將《2758決議案》簡化為「排我納匪案」的錯誤。現在蔡政府說的「中華民國台灣」，明確違反中華民國憲法規範，也同時扭曲《2758決議案》。

　　台灣民眾要認清，若要爭取中華民國在聯合國有一席之地，要選擇的是「前往北京」而非「走進白宮」。要爭取的是與北京協商一個中國代表權，而不是切割一個中國並以台灣或台獨之名義去另

立新會籍。

　　現在，民進黨政府落入美國霸權鬥爭中國的圈套，美國眾議院即使通過聯合國《2758決議案》無涉台灣，也改變不了聯合國的決議。民進黨政府搞台獨妄想扭曲聯合國二七五八決議案，只不過是在自欺欺人罷了。

（刊登於2023/08/01《中國時報》）

面對閩台融合　陸委會只會喊統戰陷阱

　　中國大陸入出境管理局近日公布，為落實「關於支援福建探索海峽兩岸融合發展新路建設兩岸融合發展示範區的意見」，推出十項措施促進閩台融合，明年1月1月實施，要讓台灣人到福建實現「想來即來」。陸委會馬上就痛批：這是中共統戰陷阱，請問：然後呢？

　　陸委會強調：這是中共一手誘拉國人赴中，一手藉情治公安系統，非法逮捕、拘禁我方民眾，國人赴中風險大幅上升。試問：基於中華民國憲法是「兩岸一中」，兩岸都是中國人，怎麼從台灣到大陸或是到了福建，就會被北京的情治公安系統逮捕？這根本就是在恐嚇台灣民眾！

　　再者，台灣在台獨民進黨的執政下，只看到了對民眾以國家安全為由，做出了到大陸交流的一大堆限制，而且又鼓動善良的台灣民眾仇視中國大陸；但是，北京政府不僅不限制台灣民眾去大陸，還處處加碼給台灣民眾到中國大陸的方便，甚至開放台灣民眾定居中國大陸，台灣民眾會做何取捨呢？

　　關鍵是：在台獨民進黨政府的八年執政下，大陸委員會已經質變成了台獨委員會。否則，中華民國是個民主國家，身為中華民國的國民為何不能想到大陸就到大陸呢？怎麼會在台獨民進黨政府的八年執政下，台灣體制反而是愈來愈封閉？民主愈來愈倒退呢？「統戰陷阱」就是汙名化「關於支援福建探索海峽兩岸融合發展新

路建設兩岸融合發展示範區的意見」！就是一塊掩飾民進黨執政無能的遮羞布！

　　台灣民眾可以思考一下，在台獨民進黨的八年執政下，有遵守過中華民國的「一中憲法」嗎？有為兩岸民眾交流做過什麼正面的事嗎？有為促進兩岸和平做出過貢獻嗎？連ECFA都快要被民進黨給破壞了，顯然台灣民眾享受兩岸和平紅利的時代已經即將結束。十項措施促進閩台融合政策，這是「兩岸一家親」理念下的具體政策，也是一種現代化的「留島不留人」的政策做法，留給台灣的時間，真的不多了。

（刊登於2023/11/09《中國時報》）

融合示範區是兩制台灣方案的第一階

　　2024大選投票日愈來愈近，由於在野非綠陣營尚未順利整合，民進黨賴清德雖有台獨天花板，也讓其民調支持度暫時領先，兩岸關係也未有明顯好轉。值此時刻，中國大陸推出《中共中央國務院關於支持福建探索海峽兩岸融合發展新路，建設兩岸融合發展示範區的意見》，是否會是質變兩岸關係的一個重大舉措？

　　在民進黨政府的務實台獨工作下，北京當局為了不讓台灣人民被台獨引戰帶著走並讓兩岸關係可以繼續發展，在「一國兩制台灣方案」方面，也有了全新的思考。這項「意見」就是要消滅台獨引戰的重大上位政策，融合示範區就是前往兩岸和平的全新通道，一條兩岸和平分治並具體展現「一國兩制台灣方案」的重要試行，一項由點、線到面的全面性打通兩岸和平的示範性道路。

　　也就是，讓福建、台灣，經由「暢通臺胞往來通道」、「促進台生來閩求學研習」、「鼓勵臺胞來閩就業」、「擴大臺胞社會參與」、「便利臺胞在閩生活」、「完善涉台司法服務」、「優化涉台營商環境」、「深化產業合作」、「促進臺灣農漁業和中小企業在閩發展」、「加強科技創新合作」、「支持廈門與金門加快融合發展」、「支持福州與馬祖深化融合發展」、「加快平潭綜合實驗區開放發展」、「推進福建其他地區開展融合實踐」、「擴大社會人文交流合作」、「鼓勵青少年交流交往」、「促進文化領域融合發展」、「堅持和加強黨的全面領導」、「完善工作落實機制」、

「夯實法治保障基礎」、「提供財力支援」共21項交流，進行總體戰略全面綜合性的兩岸關係促合、融合的具體工作，將福建、台灣由第一可能戰爭的地緣關係，轉變為第一和平融合的地緣關係，杜絕台獨引戰的火種及火苗。

值得一提的是，在尊重兩岸關係條例的規定，台灣民眾不得擔任對岸黨政軍、人大政協等公職的基礎條件上，「意見」向台灣民眾開放的職位，雖僅限於社會治理、司法監督等非公職類別，但這卻是一項「政治參與」的開放，這是北京為爭取台灣民心民意的一項重大前瞻性作為。

假如2024大選，可以實現台獨政黨下台的結果，兩岸關係就能夠重回和平發展道路，那麼兩岸政府可以進一步夯實「兩岸融合發展示範區」，例如：金廈共用廈門新機場，允許台方民航班機起降，解決金門機場腹地太小無從擴建，班機動輒被迫停飛的困擾；金廈共享醫療服務，解決金門醫療資源貧乏，讓金門病患可以直接到廈門等大型醫療院所進行看診、健檢等，享有與廈門病患同等的醫療服務，讓「金門戰地」變成「和平高地」。

因此，徹底落實兩岸融合發展示範區，進行兩岸民生福祉的和平爬階競賽，可以說「建設兩岸融合發展示範區意見」是爭取台灣民心民意，以具體展開一國兩制台灣方案的第一階。

(刊登於2023/09/18《獨家報導》)

融合發展讓年輕人脫下台獨外套

　　早先，在行政院發函通令各部會，「大陸地區人民亦為中華民國人民」等相關函釋，即日起應停止適用或不再援用之後，大陸國務院與中共中央近來宣佈《關於支持福建探索海峽兩岸融合發展新路、建設兩岸融合發展示範區的意見》，頗有與臺獨政府較勁爭取民心的意味，對臺灣民眾而言，究竟誰是太陽？誰是北風？

　　有一則寓言故事是這樣的，北風與太陽舉行一場比賽，決定誰的力量比較強，能讓路過的旅人脫下鬥篷。當北風越是用力吹，旅人就把自己包得越緊；然而，當太陽溫暖地照耀時，旅人因為悶熱而不得不脫下鬥篷。

　　蔡政府執政7年多，臺灣年輕人卻反而是僵固低薪，面對高物價、高房價，多數臺灣年輕人不敢生、不敢養，只能選擇「躺平」；現在，蔡政府發函通令各部會，中國大陸人民不具中華民國國籍、非屬中華民國國民，不享有或負擔中華民國國民的權利義務，「大陸地區人民亦為中華民國人民」等相關函釋，即日起應停止適用或不再援用。這不就是拒絕兩岸和平的交流與機會嗎？這不像極了寓言故事裡的「北風」，不斷吹着「臺灣獨立」大風，但卻以臺灣年輕人的權益，來換取政黨的選舉利益嗎？

　　相對地，《關於支持福建探索海峽兩岸融合發展新路、建設兩岸融合發展示範區的意見》，包括：暢通臺胞往來通道、促進臺生來閩求學、鼓勵臺胞來閩就業、擴大臺胞社會參與、便利臺胞在閩

生活、完善涉臺司法服務。值得一提的是，鼓勵臺灣人申領檯灣居民居住證，這不就是對臺灣民眾視以「準國民待遇」嗎？這不像極了寓言故事裡的「太陽」，讓臺灣年輕人脫下沉重的「臺獨外套」，迎接更多的發展機會，還有兩岸和平紅利嗎？

事實上，「天然獨」已不見臺灣社會了。相信更多的臺灣民眾在瞭解《關於支持福建探索海峽兩岸融合發展新路、建設兩岸融合發展示範區的意見》，會迎接融合發展這道溫暖和煦的陽光。

（刊登於2023/09/26《中國時報》）

別扭曲九二共識！

　　兩岸關係是影響2024大選的重中之重，「九二共識」又是維持兩岸和平的定海神針，但近日許多白、綠陣營的政治人物針對九二共識的了解從「不解」到「曲解」，其中，尤以民進黨最為誇張，實在太過低估台灣選民的智慧。「九二共識」豈容不安好心的政治人物加以扭曲？

　　例如，民進黨立委王定宇表示：中共的官方立場，只有「一中」，沒有「各表」，這個一中就是中華人民共和國。王定宇立委不知道的是：依據中華民國憲法，當然只有一個中國，但不是中華人民共和國，這是中華民國政府的「官方立場」，這是雙方協商政府代表的「立場」不是「共識」！請別胡搞政治話術詐騙選民。

　　王定宇又說：北京發布第三份「對台白皮書」，連中華民國都是台獨，更遑論台灣以及維持現狀。事實上，依照中華民國憲法增修條文的第十條：「自由地區與大陸地區間人民權利義務關係及其他事務之處理，得以法律為特別之規定。」也就是，中華民國涵蓋了自由地區與大陸地區。中華民國怎麼會變成是台獨？民進黨立法委員王定宇不懂憲法嗎？

　　至於，什麼是維持現狀？難道是民進黨政府口中：維持中華民國台灣的「準戰爭」現狀嗎？蔡英文總統曾說自己是「中華民國台灣」的總統，我國憲法根本名稱就是：中華民國憲法，何來中華民國台灣？這就是台灣最大根源問題，也就是民進黨的國家認同錯

亂！

正確地說：「堅持一個中國」與「謀求國家統一」，是符合中華民國憲法的規範，是當時兩岸雙方政府代表所談判的交集內容，這才是雙方的「共識」，這才是真正原汁原味的「九二共識」！

（刊登於2023/07/21《中國時報》）

國家圖書館出版品預行編目資料

後2024？／孫榮富 著. --初版.--臺中市：白象文化事
業有限公司，2024.3
面； 公分.

ISBN 978-626-364-247-8（平裝）
1.CST: 臺灣政治   2.CST: 言論集
573.07   112022847

後2024？

作　　者　孫榮富
校　　對　孫榮富
發 行 人　張輝潭
出版發行　白象文化事業有限公司
　　　　　412台中市大里區科技路1號8樓之2（台中軟體園區）
　　　　　出版專線：（04）2496-5995　傳眞：（04）2496-9901
　　　　　401台中市東區和平街228巷44號（經銷部）
　　　　　購書專線：（04）2220-8589　傳眞：（04）2220-8505
出版編印　林榮威、陳逸儒、黃麗穎、陳婷婷、李婕、林金郎
設計創意　張禮南、何佳誼
經紀企劃　張輝潭、徐錦淳、林尉儒
經銷推廣　李莉吟、莊博亞、劉育姍、林政泓
行銷宣傳　黃姿虹、沈若瑜
營運管理　曾千熏、羅禎琳
印　　刷　百通科技股份有限公司
初版一刷　2024年3月
定　　價　190元